Anonymous

Mögliche Lösung der Europäischen Verwicklungen

Anonymous

Mögliche Lösung der Europäischen Verwicklungen

ISBN/EAN: 9783743650367

Hergestellt in Europa, USA, Kanada, Australien, Japan

Cover: Foto ©Suzi / pixelio.de

Weitere Bücher finden Sie auf **www.hansebooks.com**

Mögliche Lösung

der

Europäischen Verwickelungen.

Vom Verfasser

der

Aufzeichnungen aus den Jahren 1848—50.

Zürich,

Verlag von Meyer & Zeller.

1862.

Vorwort.

Meine Aufzeichnungen aus den Jahren 1848 bis 1850 waren nicht unmittelbar für den Druck ge= schrieben, sondern dazu bestimmt, einer geschickteren Feder als Leitfaden bei Beschreibung der damaligen Zeit und Begebenheiten zu dienen. Aus diesem Grunde enthielten sie einerseits über Personen und Sachen eine Menge Details, welche den eventuellen Bearbeiter in alle Verhältnisse, so viel als möglich, hineinversetzen sollten, andererseits am Schlusse nur angedeutete Ideen, deren weitere Ausführung eben= falls seiner Geschicklichkeit überlassen blieb. Selbst im literarischen Geschäfte gänzlich fremd, mußte ich die Unterhandlungen wegen der Bearbeitung des Manuscriptes Andern überlassen, was zu keinem Re= sultate geführt hat. Daher entschloß ich mich zur Herausgabe jener Aufzeichnungen ganz in der Form, wie sie niedergeschrieben waren und auch erschienen sind. Wegen der allgemeinen Ansichten, die ich am Schluſſe durchblicken laſſe, haben mehrere meiner Freunde mir den Wunſch geäußert, sie genauer und ausführlicher dargelegt zu sehen; dies hat mich veranlaßt, dieselben hiermit der Oeffentlichkeit zu überliefern, in der Hoffnung, dadurch vielleicht einigen Nutzen stiften zu können.

Allgemeine Betrachtungen.

In politischen Gesprächen ist es beinahe zur stereo=
typen Phrase geworden: „Europa ist in eine solche
Verwirrung gerathen, daß kein Mensch abzusehen ver=
mag, wie ohne eine allgemeine Umwälzung aus derselben
herauszukommen wäre." Eigentlich bedeutet das aber
nichts Anderes, als: „man will sich nicht die Mühe
geben, klar zu sehen, um nicht zu der Ueberzeugung zu
kommen, daß man sich selbst von mancher alten Ge=
wohnheit, von Vorrechten, Vorurtheilen u. s. w. trennen
muß, um mit der fortgeschrittenen Welt fortleben zu
können."

Nicht blos die jetzige Jugend kann sich Europa
nicht vorstellen, wie es noch vor fünfzig Jahren war;
auch die Mehrzahl der älteren Leute ist nicht aufmerk=
sam genug auf alle Veränderungen, die Statt gehabt
haben, und auch nicht nachdenkend genug über die Wir=
kungen, die daraus hervorkommen. Dampfboote, Eisen=
bahnen, Telegraphendrähte existirten nicht, selbst Chausseen
gab es auf dem Continente, mit Ausnahme von Italien,

1

sehr wenige. Bei solchem Zustande war jede Kommu=
nikation erschwert und Reisen ein beschwerliches Un=
ternehmen. Als Beispiel wollen wir anführen, wie wir
1817 von Hamburg nach Berlin reisten; wir fuhren im
Monat Juni, wo die Wege durch die Jahreszeit nicht
schlecht und die Nächte durch ihre geringere Länge nicht
ungünstig waren, mit vier Postpferden vor einem aller=
dings bepackten Wagen Nachmittags von Hamburg ab
und brauchten drei Nächte und drei Tage, um Spandau
zu erreichen, obgleich auf den Poststationen unserthalben
keine Zeit verloren ging, sondern blos wegen des Pferde=
wechsels angehalten wurde. Wie verhielt es sich aber
damit? Wenn man endlich eine Station erreicht hatte,
um frische Pferde zu bekommen, und nach vielem Blasen
auf einem kleinen Posthorn und gewaltigen Klatschen
mit seiner langen Peitsche der Postillon den s. g. Wa=
genmeister vor die Thüre des Posthauses gebracht hatte,
fragte dieser, ob man weiter reisen wolle? Auf Beja=
hung dieser ziemlich überflüssigen Frage kratzte er sich
hinterm Ohr, drehte sich um und verschwand. Nach
einiger Zeit vergeblichen Wartens ging man in's Post=
haus, um sich nach den frischen Pferden zu erkundigen.
Glücklich konnte man sich schätzen, wenn man hierauf
nicht von einem früheren Offizier, jetzigem Postmeister,
eine unhöfliche Antwort bekam, die aber jedenfalls nicht
den Wünschen der Reisenden entsprach: denn man er=
fuhr, daß die Pferde alle auf der Weide seien und vor
zwei bis drei Stunden schwerlich eingebracht werden
könnten. Wollte man nun diese langen Stunden nicht
mit Verzehrung irgend einer Mahlzeit abkürzen, so
dauerte das Warten noch länger. Endlich kamen die
Pferde an und voll Ungeduld setzte man sich schon in

den Wagen, aber — o weh! eine Stunde ward damit hingebracht, den Pferden Hafer zu geben, damit sie die vier Meilen lange Station zurücklegen könnten. Nun endlich ward vorgespannt, der Postillon steigt zu Pferde und es geht fort auf einem Straßenpflaster, welches dazu bestimmt schien, den besten Wagen zu zerbrechen. Kaum war das letzte Haus des Städtchens passirt, so versank plötzlich der Wagen bis zur Hälfte der Räderspeichen in Sand und nun war jede andere Gangart, als im Schritt, eine reine Unmöglichkeit. Der Postillon stieg vom Pferde, zündete seine Pfeife an und ging langsam neben her, um sich und dem Sattelpferde die Mühe der Reise zu erleichtern.

Wird nicht jeder junge Mann, der jetzt in 5½ Stunde pr. Eisenbahn von Hamburg nach Berlin fährt, diese beschriebene, vormalige Beförderung für eine Fabel halten? — Noch auffallender möchte der Vergleich der Telegraphenbewegung sein. Ein wichtiges Geschäft sollte zwischen Hamburg und Berlin (wir wählen dieselben Städte) gemacht werden. Man sandte eine Estafette, die, bei keinem weiteren Unfall, Berlin in 36 Stunden erreichte und etliche 40 Thlr. kostete. Wurde die Antwort sofort geschrieben und pr. Stafette übermacht, so kam sie in wiederum 36 Stunden zurück. Also drei mal 24 Stunden war die größte Schnelligkeit, mit welcher man, bei einem Kostenaufwand von 90 Thlr. in einem wichtigen Geschäfte die Antwort zu erhalten im Stande war. Jetzt geht man auf's Telegraphen=Büreau und sendet eine Anfrage nach Berlin in einigen Minuten. Antwortet der Berliner Correspondent sofort ebenfalls durch den Telegraphen, so können, durch Hin= und Her=sendung von Depeschen, in wenigen Minuten Verhand=

lungen gepflogen, Geschäfte abgeschlossen werden und die Waaren noch an demselben Tage abgehen, so daß ein Geschäft in weit kürzerer Zeit besprochen, kontrahirt und vollführt ist, als die Einleitung deſſelben ehedem erforderte. Wenn dieſe Schnelligkeit für Handelsver= hältniſſe Statt findet, wie viel mehr kommt ſie beim Perſonenverkehr in Betracht! Früher kannte die Maſſe des Volks kaum die nächſten Städte, wohin ein Ausflug ſchon für eine bedeutende Reiſe galt, die für den Reſt des Lebens den Stoff zu Erzählungen abgeben konnte. Eine Reiſe von Hamburg nach Wien, oder von Breslau nach Frankfurt a. M., oder von Berlin nach München galt für etwas ganz Beſonderes, erforderte ſechs bis acht Tage Zeit und koſtete viel Geld. Jetzt reichen 24 bis 36 Stunden und 10 Thlr. hin, um den Weg zwiſchen dieſen Städten zurückzulegen.

Wie die Reiſe der Perſonen eine langſame war, eben ſo brauchten die Jdeen viel Zeit, ſich weiter zu verbreiten. Wie ſah es z. B. damals mit den Tages= blättern (die aber nicht überall täglich erſchienen) aus? Jn den Hauptſtädten des Kontinents und namentlich Deutſchlands erſchienen einige, mit allgemein intreſſi= renden Nachrichten nur dürftig ausgeſtattete Zeitungen in Quartformat, in den Provinzſtädten beſtand höchſtens ein Wochenblatt, welches einige Lokalnachrichten und Anzei= gen brachte. Ausländiſche Journale zahlten bedeutendes Porto und wurden nur ſpärlich in größeren Städten gehalten. Nachrichten aus Konſtantinopel nach London, aus Neapel nach Stockholm, aus Madrid nach St. Pe= tersburg kamen nicht unter zehen bis zwölf Tagen an und ſelbſt inländiſche Ereigniſſe verbreiteten ſich an demſelben Tage nicht über den Druckort hinaus, da die

Poſten regelmäßig nur zweimal in der Woche abgingen und ankamen. Es lebte daher jedes Land, ſo zu ſagen, nur für ſich, gegenſeitiges Beſuchen und mit dieſem durch eigene Anſchauung veranlaßten Vergleiche, ſowie die Auswechſelung einer Menge von Ideen fand entweder gar nicht oder nur in geringem Maße bei den höheren Klaſſen Statt. Da die Nachrichten aus den verſchiedenen Ländern entweder nicht bekannt wurden oder ſo veraltet ankamen, ward auch kein allgemeines Intereſſe erweckt; jeder dachte nur an das, was ihn ſpeziell betraf oder vor ſeinen Augen ſich zutrug. Kurz, es exiſtirte ein allgemeiner Partikularismus in der Welt, der noch dadurch geſteigert wurde, daß nur wenige Menſchen leſen, noch wenigere ſchreiben konnten. Wie ganz anders iſt es jetzt! Jeder bei uns kann leſen, die Mehrzahl auch ſchreiben und hat noch manches Andere dazu gelernt. Zeitungen kommen täglich zu Hunderten und in viermal größerem Formate heraus, welche von den jetzt täglich mehrmals abgehenden Poſten von allen Orten nach allen Seiten und Enden expedirt werden. Der Telegraph ſetzt ganz Europa von jeder Begebenheit, die Bedeutung hat oder folgenſchwer ſein kann, in wenigen Minuten in Kenntniß und alle Zeitungen enthalten gleichzeitig die wichtigſten politiſchen und kommerziellen Nachrichten aus allen Gegenden unſers Welttheils und beſprechen dieſelben noch obendrein oft mehr oder weniger gründlich. Wer dies bedacht hat, frage ſich doch einmal ſelbſt, ob nicht die alte Welt durch dieſen Austauſch von Ideen, Anſichten, Erfahrungen, Bedürfniſſen u. ſ. f. eine ganz andere geworden iſt, als ſie vor fünfzig Jahren war; ob man in derſelben noch ebenſo regieren kann, wie früher, ob alte Gewohnheiten und alter Schlendrian noch länger fortbestehen können? Damals hieß es, wenn eine Abgabe drückte, wenn eine polizeiliche Vorschrift genirte: „so war es schon zu meines Vaters oder Großvaters Zeiten, warum soll denn ich mich nicht auch darein finden? Es ist einmal nicht zu ändern." Jetzt heißt es dahingegen: „In der Stadt oder in dem Lande, unter den Regierungsverhältnissen ist es so und so, warum kann es nicht auch bei uns auf ähnliche Weise sein?" Vergleiche jeder Art werden von Jedermann angestellt, Interessen werden geweckt, Unternehmungen ausgeführt, an die Niemand nicht allein nicht dachte, sondern die, wenn man sie nannte, als eine Thorheit belacht wurden. Z. B. hörte man vor 1840, wenn von einer Eisenbahn die Rede war: „ach das sind Sachen, die sich in England wohl ausführen lassen, aber in Deutschland ist weder Geld genug, um sie zu bauen, noch Verkehr genug, um sie zu unterhalten." Würde irgend Einer jetzt solche Aeußerungen thun, so wäre nicht daran zu zweifeln, daß er für das Irrenhaus reif sei. All diese Veränderungen müssen aber nothwendig ihre Rückwirkung auf die Regierungsweise ausüben, und es darf als ganz gewiß angenommen werden, daß dasjenige Gouvernement, welches nach dem alten System fort= herrschen würde, auf unpraktikabeln Wegen wäre.

Um aber in Bezug auf diesen Satz unsere Leser nicht irre zu leiten, wollen wir hier vor Allem die Fragen aufstellen:

1) Sind die Regierungen da des Landes und Vol= kes willen oder sind diese vorhanden, damit eine Regie= rung bestehe?

2) Wünschen die Völker Europas unter sich Krieg

oder müssen sie diesen nur führen, weil die Regierungen ihn hervorrufen?

Unserer Ueberzeugung nach kann die erste Frage nur dahin beantwortet werden, daß die Regierung allerdings des Volkes halber vorhanden ist, weil keine Nation ohne eine ordentliche Regierung bestehen kann. Daher diese vom Volke gestützt und gekräftiget werden muß, so lange sie die Wohlfahrt des Landes und das Recht eines jeden Individuums zur Basis ihrer Anordnungen macht. Damit sich das Volk aber von dem richtigen Gange der Regie=rung überzeugen könne, ist nöthig, daß es eine möglichst klare Einsicht in die Verwaltung und eine strenge Kon=trole über die Finanzverhältnisse habe. Auf diesen Sätzen fußend, wollen wir in diesem Schriftchen die politische Gegenwart betrachten.

Die zweite Frage dürfte aller Beantwortung hier entbehren, denn es unterliegt nicht dem geringsten Zwei=fel, daß die Völker Europas sich nicht zu bekriegen wünschen. Wenn z. B. auch einige französische und eng=lische Zeitungsschreiber alles Mögliche anwenden, zwischen beiden Nationen den alten Haß wieder anzufachen; so sieht man doch, sobald sich eine Differenz zwischen den respek=tiven Regierungen erhebt, wie gleich Alles zum Frieden räth und den Krieg fürchtet. Der allgemeine Wunsch und das allgemeine Bestreben geht dahin, Handel und Gewerbe zu heben, zu befördern und möglichst ungehin=dert zu verbreiten. Der Krieg ist dem entgegen: er ist also ein Uebel, das weder nach dem Wunsche der Völker, noch zu ihrem Vortheile hervorgerufen wird und dessen möglichste Vermeidung eine der ersten Pflichten der Re=gierungen sein sollte.

Wie diese zu dem Glauben gekommen sind, das

Recht zu haben, ohne Rücksicht auf den Wunsch der Nation einen Krieg anzufangen und zu führen, zeigt uns die Geschichte. Durch die Eroberungen der Römer, die darauf folgende Völkerwanderung, das Reich Karls des Großen, die mehr und mehr ausgebildeten Feudal= oder Lehensverhältnisse u. f. w., wurden die Völkerschaf=ten dergestalt aus ihrer Unabhängigkeit gebracht, daß die Zerreißung und Anstückelung oder Annexion, welche spä=ter in Wezlar verhandelt wurde und im Westphälischen Friedensschluß ihre Ausführung fand, möglich geworden war. Darin ward den Dynastien Alles geopfert und seit der Zeit betrachteten sie sich als die Basis der euro=päischen Karte, d. h. in ihrer Meinung gehörten die zu=getheilten Länder ihnen zu Eigenthum. Hierbei darf nun freilich nicht übersehen werden, daß der Zeit sehr unbedeutende Abgaben auf den Unterthanen la=steten, die Krondomänen waren durch Säkularisation des Kirchen=Eigenthums sehr vermehrt, die gouvernemen=tale Centralisation hatte noch nicht angefangen, Städte und Land waren sich so ziemlich selbst überlassen, erstere verwalteten sich nach eigenem Gutdünken und letzteres hatte so gut wie keine Verwaltung. Wege wurden nicht angelegt und die alten Heerstraßen, wo sie zu unprakti=kabel wurden, konnten nur durch Errichtung von Wege=bäumen, bei welchen der Reisende Wegegeld zahlte, mit diesem stellenweise reparirt werden. Die Kirchen unter=hielt der Kirchenpatron für den sich zugeeigneten Zehn=ten. Schulen gab es wenige, und wo ein Schullehrer sich fand, ward er durch Kopfgeld von den Schülern bezahlt. Die Gerichtsverwaltung ward durch Sporteln erhalten u. f. f. Kurz, von Staatswegen ward nichts oder nur unbedeutend wenig auf die in unsern Tagen so kostspielige Administration verwendet. Die Einkünfte aus den Krondomänen reichten zur Hofhaltung, den Apa= nagen und der Unterhaltung der Haustruppen, wie die derzeit einzig stehenden Heerestheile oder Garden benannt wurden, hin. Weil nun Alles in eine Kasse floß; so schlich sich leicht die irrige Ansicht ein, daß alle Staats= einnahmen Eigenthum des Regenten seien, und er nach Belieben damit schalten und walten könne. Durch die oben erwähnte neuere Ländervertheilung waren die bis= herigen Landstände oder Vertretungen auch anders zu= sammengesetzt, die National= oder Gewohnheitsrechte gestört, einen bedeutenden Widerstand, wie es z. B. in England der Fall war, fanden die Regierungen daher nicht gegen die zunehmende Ausbreitung ihrer Herrscher= gewalt und so konnte der verderbliche Grundsatz von Louis XIV. bei ihnen leichten Eingang finden. Dieser Grundsatz mit seinen Konsequenzen hat aber Frankreich die Revolution gebracht und das übrige Europa in die Bedrängnisse der Gegenwart geführt.

Während die durch die neue Ländervertheilung ge= störte ständische Vertretung das gemeinschaftliche Inter= esse verloren hatte, und doch allgemein eingreifende Maßregeln nothwendig wurden; so sah sich die Re= gierung genöthigt, in manche Sachen ihren Einfluß hineinzuschieben, wo sie von Anfang kein Recht und Be= fugniß hatte. So schritt die Centralisation nach und nach bis zu ihrer jetzigen Vollkommenheit fort und führte zu dem Glauben, daß nichts geschehen könne und dürfe ohne Mitwirkung oder gar ohne die Initia= tive der Regierung, daß der Staatsdienst das höchste Ziel des Unterthanen, und der Staatsdiener über alle Anderen erhoben sei.

In früheren Zeiten diente man, von der Regierung aufgefordert, dem Vaterlande, weil man glaubte, seinen Mitbürgern Nutzen zu bringen; man verzichtete dabei oft auf persönlichen Vortheil und auf die Annehmlichkeiten einer unabhängigen Stellung, weil es eine Ehre war zu dienen. Jetzt drängt sich Alles heran, um in den Staatsdienst zu treten, weil der Staat als milchende Kuh betrachtet wird, die unterhält, ja, wohl oft bereichert. Von Patriotismus, Opferbringen, Ehre ist gar nicht mehr die Rede, nur an Gehalt und Emolumente (erlaubte und öfters auch unerlaubte) wird gedacht. Können sich denn die Regierungen darüber wundern', daß die Staatsangehörigen, um derentwillen doch die Staatsmaschine vorhanden ist, es sich nicht mehr gefallen lassen wollen, daß man den Staat d. h. sie selbst in ihrer Gesammtheit, wie ein Kornfeld betrachtet, aus dem man den höchstmöglichsten Nutzen zu ziehen sucht? Der Staatsverband kann doch nur dazu dienen sollen, den Bürgern Eigenthum und Person gegen An- und Uebergriffe von außen und unter sich zu schützen, nicht aber, damit ein Jeder so viel und oft mehr, als er entbehren kann, in eine Kasse zahle, von welcher eine Menge Personen leben, die sehr gut entbehrlich sind, und deren Existenz durch eigenes Erwerben weit nützlicher würde. Bei der jetzt überall verbreiteten Intelligenz und der allgemeinen Bekanntschaft mit allen europäischen Verhältnissen und Begebenheiten werden in unserer Zeit immer ernstere Konflikte ohne gänzliche Reform der bisherigen Staatsmaximen schwerlich vermieden werden.

Auf solche Irrwege sind wir durch Louis XIV. und seine Nachahmer erst recht gebracht: daß die Regenten

die Nationen für ihr Eigenthum halten, die Beamten
sich als rechtmäßige Besitzer eines reichlichen Gehaltes
mit Zubehör betrachten, ohne Verantwortlichkeit gegen
das Land; daß man im Allgemeinen den Staat als
eine Person ansieht, die sich Alles erlauben kann, welcher gegenüber jeder Einzelne Unrecht hat, und gegen
dessen Beamten Niemand ohne Erlaubniß klagen darf,
so daß die Staatsregierung als die Hauptsache
gilt und die Staatsangehörigen nur als Zubehör unterstellt werden. Dies Alles und noch viel mehr
wird schon lange in den weitesten Volkskreisen besprochen und das gefühlte Bedürfniß der Nationaleinigung,
das Folgen von unberechneter Tragweite haben kann,
dürfte vielleicht besonders darin seinen Grund haben, daß
die Völker in solcher Weise hoffen, die ihnen entwendeten,
oder vorenthaltenen Rechte, den Dynastien gegenüber zu
endlicher Geltung zu bringen. Wenn nun gleich die augenblickliche Strömung dahin geht, die Nationalitäten her-
vorzuheben und aufzurichten; so stößt sie doch auf so
viele Schwierigkeiten, nothwendige Veränderungen und
Rechtskränkungen, daß eine vollständige Ausscheidung,
Abrundung und Anerkennung der Nationalitäten zu den
Unmöglichkeiten gehört. Aber auch angenommen, sie
würde zu Stande gebracht, gäbe sie nicht allein keine Garantie für den ungestörten Frieden Europas, sondern
würde Gründe genug zu neuen Kriegen schaffen. Also Natio-
naleinigungsbestreben garantiren den Frieden nicht und
die irrigen Regierungsmaximen und unrechte Administration haben jene Bestrebungen hervorgerufen.

Wie ist aus diesem Wirrwarr herauszukommen und
die drohende Gefahr zu vermeiden?

Wenn jede Regierung sich entschließen könnte, ihren

Staatsangehörigen den ihnen von Ursprung her zukom=
menden Antheil an der Gesetzgebung und der Verwal=
tung der Staatsfinanzen wieder zu überlassen und ein
wahrhaftes Bestreben zeigte, den Frieden und freien
Verkehr mit andern Völkern zu befestigen und auszu=
breiten; so könnte eine Konföderation die Völker Euro=
pas mit einander verbinden, Streitigkeiten unter ihnen
durch schiedsrichterlichen Spruch entschieden, die großen Ar=
meen überflüssig, die hohen Abgaben verringert, und die Fi=
nanzen nicht allein für Deckung des Bedarfs hinreichend,
sondern auch die Schulden nach und nach ganz abgetra=
gen werden. Ein triftiger Grund zur Unzufriedenheit
wäre dann nicht mehr vorhanden und die Völker würden
dem Gedeihen entgegengehen.

Mancher Leser wird hierbei den Kopf schütteln und
denken: „das ist ein utopischer Wunsch." Daß er ohne
große Mühe realisirt werden könne, wollen wir durch
Anführung unserer Ansichten, die auf Thatsachen beruhen,
evident machen. Vorausgesetzt muß selbstverständlich
werden, daß von allen Seiten mit aufrichtig gutem
Willen dem Ziele nachgestrebt, interessirten Hofleuten
und Stellenjägern eben so wenig Gehör gegeben werde,
als sog. liberalen Volksrednern und Aufwieglern. Ohne
diesen guten Willen wird zwar jener Wunsch auch, aber
voraussichtlich erst nach großen Erschütterungen, in die
Verwirklichung treten, denn die Ideenströmung aller
Völker Europas weiset darauf hin und Dampfkraft, so=
wie elektrische Telegraphen sind hiefür unbesiegbare Ge=
hülfen.

Wir wollen nun die Punkte, auf welche zur fried=
lichen Lösung hauptsächlich die Aufmerksamkeit zu richten
ist, hier nacheinander folgen lassen.

I. Erziehung der Regenten.

Die Dynastien müssen, zur Erreichung der Aufgabe, sich nicht mehr als bevorzugte Race, sondern als gewöhnliche Menschen betrachten, die eine politische Stellung einnehmen, welche ihnen eine schwere Verantwortung auferlegt. Zu dem Ende muß die Erziehung der Regentenkinder eine ganz andere,. als die bisher gebräuchliche, werden. Statt sie schon in der Kinderstube in Uniform zu stecken, ehe sie wissen können, welche Bedeutung dieselbe hat und ihre Aufmerksamkeit folglich nur auf Knöpfe, Riemen, Schnüre, Bänder u. dergl. zu lenken; statt daß ihre Umgebung in gehorsamer Unterthänigkeit sie mit Titeln anrede, die sie nicht verstehen, die aber doch nebst den Schmeicheleien aller Art, die an sie gerichtet werden, die Ahnung erwecken und den Glauben bei ihnen begründen, sie seien etwas ganz Besonderes und zu dieser Behandlung, wie zu Allem, berechtigt: statt alle dem wird ihnen Unterricht und Erziehung, wie andern Kindern gebildeter Eltern zu Theil werden müssen, um ihre Vernunft auszubilden und sie fähig zu machen, die Welt und ihre Stellung zu ihr zu begreifen, damit sie nicht dem Wahn verfallen, als seien sie gleichsam vom Himmel herabgestiegen, um die Völker wie ein Geschenk Gottes, ihnen gehörend, zu betrachten, sondern einsehen und begreifen lernen, daß sie Gott dafür verantwortlich sind, die ihnen durch die Geburt gewordene Verpflichtung (zu regieren) so zu erfüllen, daß unter ihrer Leitung das Volk glücklich, gedeihlich und christlich leben und streben kann.

Ich lege hier Gewicht auf das Wort Verpflich=

tung, weil es zum Oeftersten bloß als ein Recht betrachtet ward, die Krone zu tragen. Es war ein Recht,
welches entweder aus einer Belehnung von Seiten des
römisch-deutschen Kaisers oder durch die Election der
wahlberechtigten Staatsbürger der dem Kaiserreich nicht
unterworfenen Staaten hervorging. Denn alle souveränen, oder selbständigen Staaten hatten das Wahlrecht
entweder des Individuums, oder des Geschlechts. Im
Ursprung war daher der Ausdruck: „von Gottes
Gnaden" nur die Bezeichnung, daß die Krone keine
Feudalkrone sei, die vom Kaiser gegeben worden, sondern
daß die Wahl in einem souveränen Staate nach Gottes
Willen gelenkt sei und die solcher Weise an die Spitze
gestellte Person, Gott allein über sich erkannte und ihm
allein verantwortlich sei. Zur Bekräftigung dieses Grund-
satzes setzte der höchste Geistliche des Landes dem Kö-
nige die Krone in der Kirche auf, um der Wahl oder
der Succession in Folge früherer Wahl, gleichsam die
göttliche Weihe und Bestätigung zu geben. Daß im
Laufe der Zeit sich auch Lehensfürsten das Epithet „von
Gottes Gnaden" zugelegt oder angemaßt haben, bedeutet
nicht mehr, als der Fürstentitel selbst, in unsern Zeiten,
wo er in derselben Weise, wie der Titel Medizinal-, Kon-
sistorial- oder sonstiger Rath den Leuten ertheilt wird,
ohne irgend einen Vortheil ihnen zu bringen, oder eine
Verantwortlichkeit ihnen aufzulegen. In der jetzt so
schwierigen Zeit ist es aber eine Frage, ob die Gnade
Gottes ein werthvolles Recht giebt, oder eine schwere
Verpflichtung auferlegt. Das Glück zu regieren kann
bei einem gescheiden und gewissenhaften Regenten gewiß
nicht das Gefühl der Verantwortlichkeit überwiegen, denn
nur allzuleicht dürfte es entweder vom Volke oder vom

Regenten selbst für eine Ungnade Gottes angesehen werden, daß er den Thron durch die ihm nach Gottes Bestimmung gewordene Geburt einnehmen mußte.

Nehme man dies nun wie man wolle, die Verpflichtung, sich nach besten Kräften zum Regieren zu befähi-
gen, muß jedem künftigen Regenten vorgehalten und bei
ihm zur Ueberzeugung werden. Diese Ausbildung bekommt er nicht auf dem Exerzierplatze, noch dadurch,
daß er mit Hofleuten und Gouverneuren umgeben wird,
die seine Schwächen erforschen und ihnen schmeicheln;
nicht durch eiliges Reisen mit alten Mentoren, die stumpf
gegen alles gesellige und lustige Leben sind, den jungen
Mann nur zu bewachen haben, damit er ja nichts seiner
hohen Stellung „Ungeziemendes" thue oder Bekannt-
schaften mache, die ihm die Augen über den alten Schlendrian öffnen könnten. Daß bei solchen Erziehungen nichts
Gutes herauskommt, hat die Welt leider nur zu oft ge-
sehen und gefühlt. Menschenkenntniß ist das erste Bedürfniß und die richtige Auffassung seiner Stellung zu
der Welt, das andere für einen Mann, der ein Volk
lenken und leiten soll. Beides erwirbt man sich nur im
großen Weltgetriebe. Lasse man dann einen solchen jungen
Herrn, wenn er mit den nöthigen Vorkenntnissen aus-
gerüstet ist, in Begleitung eines verläßigen, älteren
Reisegefährten, als Privatmann alle Länder nach Lust
und Neigung besuchen, sich in allen verschiedenen La-
gen, in die er kommt, selbst zurecht finden, seinen Um-
gang selbständig wählen und seine Studien treiben, dann
wird er mit Erfahrung und Einsicht zurückkehren, und
hat er auch einige tolle Streiche gemacht, so wird das
weder seinem künftigen Ansehen schaden, noch das ver-
brauchte Geld schlecht angewendet gewesen sein. Er wird

gelernt haben, das Nützliche vom Ueberflüssigen, das Rechte vom Schädlichen zu unterscheiden; er wird selbst urtheilen gelernt haben und nicht in die Hände einer Kamarille oder der Bureaukratie fallen; er wird überzeugt sein, daß die größte Ehre eines Regenten darin besteht, Mißbräuche abzuschaffen, gute Gesetze zu erlassen, welche die Entwickelung der betriebsfähigen Kräfte des Landes befördern, den Staatshaushalt so zu leiten, daß die Ausgaben nicht allein die Kräfte des Landes nicht übersteigen, sondern im Gegentheil die Steuern so wenig als möglich drückend wirken, kurz, er wird den höchsten Ruhm in einem friedlichen, segensreichen Zustande seines Reiches erblicken und ihn nicht auf den Schlachtfeldern über den Leichen seiner Unterthanen suchen. Solches Bestreben mit solcher Entwickelung wird zwischen Fürst und Volk die innigste Verbindung schaffen; keine polizeilichen Maßregeln werden zu seiner persönlichen Sicherheit nöthig sein, keine Umgebung von Leuten in besternter Uniform wird erfordert werden, um ihn in den Augen des Volks zu erheben und Glanz zu verleihen, dem gebildeten, erfahrenen und gescheiden Herrscher, der für ihre Wohlfahrt besorgt ist, die Befolgung der Gesetze überwachen läßt und ihr wahres Interesse begreift und mit ihnen theilt, werden die Herzen der Unterthanen entgegen kommen, ihn loben, verehren und segnen.

Damit diese Gefühle für Land und Volk durch keinerlei gegenwirkenden Einfluß geschwächt würden, müßte der veraltete Gebrauch der sog. legitimen Ehe, oder ebenbürtiger Verheirathung, ganz abgeschafft werden und ein Fürst sich nach Neigung und eigener Wahl mit welchem sittlichen, wohlerzogenen Mädchen er für gut fände, verbinden können, ohne die Rechte der Kinder solcher Ehe irgendwie beeinträchtigt zu fürchten. Denn nicht allein daß dieses fortwährende Zwischenheirathen unter den fürstlichen Familien auf die körperliche und geistige Beschaffenheit der Nachkommenschaft einen schwächenden Einfluß übt, sondern es sondert auch das regierende Haus von den Unterthanen ab und führt sehr leicht zu fremdem Einfluß, wie aus der Geschichte der Völker Europas ·in mehr als einem Falle deutlich hervorgeht.

Fürsten obiger Art, werden durch ihre Handlungen und Ansichten auf die Personen, mit denen sie sich umgeben, bald genug einwirken. Diese Umgebung ward und wird mehrentheils noch in einer besonderen Klasse der Staatsbürger gewählt, von welcher wir daher jetzt sprechen wollen.

II. Der Adel.

Der Adel ist in der Natur des Menschen begründet; er bildete sich aus den verschiedenen körperlichen und geistigen Fähigkeiten desselben. Wir finden ihn daher bei allen Völkern und zu allen Zeiten. Es war sehr begreiflich, daß der Kräftigste, Gewandtste und Muthigste im Kampfe, als nur die rohe Gewalt galt, bei Vertheilung der Beute den Vorrang bekam. Dies machte ihn bald reicher und angesehener, als seine Genossen. Als nun später die Intelligenz in ihrer höheren Entwickelung der rohen Gewalt zu Hülfe kam, war es solchen Führern leichter, die nöthige Umsicht zu erwerben, weil sie bei ihrem Wohlstand ihre Zeit darauf verwenden konnten, sich und ihren Kindern in allem Erforderlichen Uebung zu schaffen. Mit der steigenden In-

telligenz stieg auch die Einsicht, wie das Vermögen und
der erworbene Einfluß zu vermehren war und so bildete
sich ganz natürlich eine Stellung, die immer mehr Zu-
trauen und Gehorsam bei den Genossen hervorrief.
Immer mußte aber die Persönlichkeit dieser hervorragen-
den Stellung genügen und daher war das Bestreben des
Adels allezeit, sich in Rath und That auszuzeichnen.
Unter den Griechen und Römern nahm das Adelsver-
hältniß allerdings nach den Zeiten sehr verschiedene Pro-
portionen an und die Sklavenverhältnisse gestalteten
manche Dinge anders, was nicht weiter hierher gehört.

Während und nach der Völkerwanderung, wo durch
Verbindung mehrerer Stämme eines Volkes oder verschiedener Völker unter einem Oberhaupte Länder erobert
und von den Eroberern behauptet wurden, erhielten die
Unterbefehlshaber, je nach ihrer persönlichen Bedeuten-
heit und der Anzahl ihres Gefolges, einen verhältnißmäßigen Theil des eroberten Landes und waren dafür verpflichtet, einerseits Ordnung und Ruhe in ihren Distrikten
zu erhalten, also auch Richter zu sein in erster Instanz und
andererseits in Kriegsfällen dem Landesoberhaupt mit
einer verhältnißmäßigen Anzahl Bewaffneter zu Gebote zu
stehen. Für diese Verpflichtungen wurden ihnen wiederum
andere Vortheile bewilligt und es bildeten sich in solcher
Weise nach und nach die Privilegien des Adels, wie
z. B. die Steuerbefreiung. Es existirten nämlich
in der Zeit keine Steuern anders, als die Kriegssteuer,
weil die nöthigen Ausgaben der Krone aus dem Ertrag
der Krondomänen bestritten wurden. Da der Adel aber
persönlich zu Felde zog und mit seinen Hintersassen auf
eigene Kosten existirte, so war es nicht mehr als billig,
nicht noch obendrein zur Führung des Krieges Geld zu

bezahlen. Mit der veränderten Kriegführung durch die Erfindung der Feuerwaffe hörte diese Leistung des Adels auf, und folglich auch die Steuerbefreiung, die er gleichwohl fortwährend genießen wollte und behauptete; darin lag von seiner Seite ein Unrecht. — Die gänzliche Sonderung des Adels vom Bürgerthum im Mittelalter hatte einen eben so natürlichen Grund. Um den Ritterschlag zu bekommen, mußte der junge Mann nicht allein eine kühne und kräftige That ausführen, sondern sie mußte gleichzeitig einen edeln Zweck haben. Wer nicht kräftig genug war, die Waffen auf derzeitige Art zu führen, trat in den geistlichen und gelehrten Stand, verzichtete auf die Ehe und daher wurden die Geschlechter nur von den kräftigsten und gewandtesten Sprossen fortgepflanzt. Um nun aber auch, so viel als möglich, den Edelsinn zu erhalten, heirathete der junge Ritter die Tochter eines Ritters, weil sie von einem Manne die Tochter war, der zu seinen Thaten ein edles Motiv bewiesen hatte, also vorauszusetzen war, daß bei doppelt edler Abstammung der Edelsinn sich leichter den Kindern mittheilen würde. Dies zum größten Theil führte zur Ahnenprobe und erhielt den Adel kräftig, kühn und edel. Nachdem die ritterlichen Leistungen aufgehört, war dies ebenfalls eine Beschränktheit des Adels, diesen Exklusivzustand streng fortsetzen zu wollen, wodurch er eine sociale Absonderung hervorrief, die seinen Sturz nothwendig herbeiführen muß und schon zum großen Theil herbeigeführt hat. Nur wenn der heutige Adel es verstehen wollte, seine Interessen mit denen des Volkes zu identifiziren, dessen Lasten und Pflichten zu theilen, nur dann könnte er seine Neubelebung und Fortdauer auf erweiterter Basis hoffen. Der englische Adel, der jenes System aufgab, ist seit der Zeit mit dem Volke verwachsen und hat sich, sobald er nur den gewöhnlichsten Ansprüchen an Intelligenz und Patriotismus sich gewachsen zeigt, beständig des Ansehens zu erfreuen gehabt. Er theilt aber auch alle Lasten und Beschwerden mit den andern Staatsbürgern. Nur der älteste Sohn ererbt die Pairswürde und hat als Pair Sitz und Stimme im Oberhause, wo er die Interessen des Staats überwacht; alle andern Mitglieder seiner Familie stehen jedem andern Bürger gleich. Durch diese Bevorzugung des Pairs fühlt sich das Bürgerthum keineswegs zurückgesetzt, sondern vielmehr geehrt durch etwaige Eheverbindung mit seiner Familie. Der Pair, der den rationellen Konservatismus im Staate vertritt, gibt der Krone sowohl, wie dem Bürgerthume eine Garantie gegen Ueberstürzungen und Unterdrückungen; er bildet gleichsam den politischen Pendel, der die Maschine in einem gleichmäßigen Gang erhält. Eine ähnliche Institution ist in jedem Staate erforderlich, wo Bestand in der Regierungsform, den freien administrativen Verhältnissen, der Abwesenheit eines Polizei= oder Säbelregimentes u. s. f. erwartet wird. Ohne solche Stütze ist ein monarchischer Thron gleich einer Stange, die in einer Sandebene steckt und von jedem starken Windstoß kann umgeworfen werden; ohne solche Widerhalter kann ein despotischer Fürst die Repräsentanten seiner Unterthanen durch Verleihung von Vortheilen zur Bewilligung aller seiner Eingriffe in deren Rechte stimmen und so allen seinen kriegerischen, architektonischen oder sonstigen Launen ungezügelten Lauf lassen. Der begüterte Pair, der nicht durch Ernennung der Krone, auch nicht durch Wahl seiner Mitbürger im Oberhause sitzt, ist nicht dazu zu verlocken, seiner Ueberzeugung entgegen zu stimmen; er hat eigenen Vortheil, eigenen Namen, eigene Stellung zu vertreten und sein Interesse ist durch seinen Grund= besitz aufs engste mit dem seines Vaterlandes verbunden. Diese Liegenschaften halten ihn nicht in der Hauptstadt zurück, sondern über das ganze Land vertheilt wohnhaft und dadurch nicht allein mit den Ansichten seiner Nach= barschaft bekannt, sondern er übt auch auf sie einen Ein= fluß aus, der nur das Wohl des Ganzen vor Augen haben kann. Bei der vollkommen freien Kommunalver= fassung Englands theilt auch der Pair die Mühen der= selben und wird durch die freie Beurtheilung in der Presse angespornt, sich an jedem öffentlichen Unternehmen zu betheiligen, wodurch er von Allem und Jedem, was in seiner Nähe geschieht, zur Kenntniß gelangt und so über Gesetzesvorlagen im Oberhause seine gründliche An= sicht mitzutheilen im Stande ist.

Da nun der Adel in der Beschaffenheit des Men= schen seinen Grund hat und sich überall und immer wieder geltend zu machen sucht; so unterliegt es wohl keinem Zweifel, daß der einzige, für die jetzigen Ver= hältnisse passende und nöthige Adel der erbliche, durch Besitz von liegenden Gütern mit den Interessen des Landes eng verbundene Adel ist, wo der Erstgeborene den Grundbesitz und Stimme im Oberhause bekommt, ohne aber weder in seiner Ernennung noch in ehelichen Verbindungen exclusiv oder sonst bevorrechtet zu sein. Bei der allgemein verbreiteten Bildung kann diese keinen Maßstab abgeben, eben so wenig persönliche Thaten, die einem einzelnen Stande vorbehalten wären, weil jeder zu allen öffentlichen Stellungen konkuriren kann. Die Macht der Zeit ist das „Vermögen"; wer folglich soli=

des Vermögen mit politischer Stellung verbindet, kann
einen besonderen Platz behaupten; damit aber eine
verhältnißmäßige Zahl nicht überschritten werde, ererbt
nur der älteste der Familie Titel und Würde. Es
steht aber auch dem Staatsoberhaupte zu, jeden ver=
dienstvollen Mann in den Pairstand zu erheben, welcher
sich dadurch eben so geehrt fühlt, als der Ernannte eine
Ehre darin findet, den Titel zu bekommen. In solcher
Weise ergänzt sich immer der englische Adel aus dem Bür=
gerthum welchem der Eintritt in denselben bei wirklichem
Verdienste offen steht. Durch die Heirath mit bürgerlichen
Mädchen erfrischt sich beständig das Blut und gelegent=
lich auch die Kasse des Adels und es bleibt im socialen
Umgange zwischen beiden Ständen keine andere Scheide,
als die, welche Erziehung und Bildung im geselligen
Verkehr von selbst zieht. Wenn also, beiläufig bemerkt,
Festlandsschreiber hie und da in ihren antinoblen Gesinnun=
gen gegen den englischen Adel sich gehen lassen, so be=
weisen sie dadurch nur ihre gänzliche Unbekanntschaft
mit englischen Verhältnissen. So werden z. B. gewöhn=
lich die Tories wie eine Art aristokratischen Junkerthums
betrachtet. Aber Tories, Whigs, Conservatives, Refor=
mers 2c., das hat alles mit dem Adel nichts zu thun;
diese Ausdrücke bezeichnen nur die politischen Ansichten,
zu welchen sich die genannten über äußere oder innere
Staatsangelegenheiten bekennen.

Stellen wir neben dieser Skizze die kontinentalen
Adelsverhältnisse und betrachten z. B. die französischen,
weil hier Gegensatz und Folgen frappanter hervortreten,
als irgend sonst wo. Die veralteten Vorrechte des Adels
waren nirgends größer, als in Frankreich vor 1789 und
waren mit, eine Hauptursache der großen Revolution,

deren Folge war, daß Alles nivellirt ward, Titel, Be=
deutung, öfter auch Vermögen, jedenfalls die gutsherr=
liche Gewalt u. s. w. Herzog, Marquis, Bauer, Tag=
löhner, Lumpensammler, Bettler, alles wurde Citoyen,
Gleichberechtigter; nur beim Kopfabschlagen behielt der
Adel das Vorrecht. Nachdem auf diesem nivellirten
Staatsfelde jeder Besitzende beraubt, jeder bedeutende
Mann enthauptet oder davongetrieben war, fiel die Re=
publik, um deren Beherrschung hab= und gewaltgierige
Liebhaber sich stritten, dem Säbelregimente anheim und
der Erste Konsul zog, unter dem Schutze seiner in Bou=
logne neuorganisirten und eingeübten Armee bald den
Kaisermantel an.

Dieser kluge Kopf sah sehr bald ein, daß er der
Stütze eines Adels bedurfte, suchte die frühere Noblesse
heranzuziehen und durch ihren Eintritt in die Armee
und den Staatsdienst mit dem Kaiserreich zu verbinden.
Daneben wollte er aber auch einen Verdienstadel schaffen,
der ihm persönlich seine Stellung zu verdanken hätte
und legte so den geschickteren oder glücklicheren unter
seinen Generalen und Beamten die alten Titel, auch
wohl öfter Dotationen bei, die mehrentheils in den be=
wältigten Ländern belegen waren. Sein hochfahrendes
Selbstvertrauen stürzte ihn aber und so konnte seine
Schöpfung auch zu keiner Festigkeit kommen.

Mit der Rückkehr der Bourbons traten alle altade=
ligen Familien wieder hervor, aber die Güter und Be=
sitzungen waren nicht mehr in ihrer Integrität vorhanden.
Dazu nahm der Adel grade die schädlichste Stellung ein,
die er, der Entwicklung der Intelligenz gegenüber nur
wählen konnte: gesellige Absonderung aus der bisheri=
gen Gemeinschaft. Der zurückgesetzte Militäradel ward

in die Opposition gedrängt und so eine gefährliche
Klippe für Hof und Regierung. Hiefür war die Pairskam=
mer kein genügendes Gegengewicht; denn sie konnte bei der
geringen Popularität und dem unbedeutenden Besitze,
welche den zu erblichen Pairs ernannten Personen zu
Theil wurden, sich natürlich keinen Einfluß und Bedeu=
tung im Lande erwerben. Und so stürzten durch die Re=
volution von 1830 Regierung, Dynastie und diese erb=
liche Pairskammer, an deren Stelle eine lebenszeitliche
geschaffen ward, das schlechteste politische Institut, das
es nur geben kann, weil es die Mängel hat, die man
einer Pairskammer vorhalten kann, ohne einen einzigen
ihrer Vortheile zu bieten.

Unter Louis Philipp ward besonders der Geldbesitz
geschätzt und es war nichts natürlicher, als daß sich aus
der sog. Finanzwelt ein Geldadel hervorhob. Geldwechs=
ler, Grubenbesitzer, Garn= und Madapolamfabrikanten,
sowie Handelsleute aller Art traten nun mit adeligen
Titeln beschenkt auf, aber sie blieben darum nicht we=
niger an ihr Pult, ihre Maschinen, Webstühle und
ihre Elle gebunden, erlangten keine politische Bedeutung
im Staate, dem sie hinwiederum in der Krisis keine
Stütze gewähren konnten.

Während der Republik von 1848 — 1851 wurden
diese adeligen Zierrathen auch sofort abgelegt und der
Citoyen spielte wieder die erste Violine. Das neue Kai=
serreich brachte abermals die ganze Titulatur aufs Tapet
und oft legte sich der eine oder andere einen Titel bei,
wie es ihm grade einfiel oder gefiel, den Namen eines
Teiches, worin er gefischt, eines Waldes, worin er ein=
mal geschlafen, oder des Dorfes oder Städtchens, worin
er geboren oder gelebt; welches Letztere wenigstens im

vorkommenden Falle der Polizei und Justiz die Mühen
der Nachforschung über Identität vermindert. Es be=
deutet daher jetzt in Frankreich der Adelstitel nichts
mehr, als ein einfacher Amts= oder Hoftitel, wie Kon=
sistorialrath, Kriegsrath, Kammerherr u. dgl. m., oder,
richtiger gesagt, noch weniger; denn diese Letzteren be=
ziehen sich noch einigermaßen auf das Studium oder
Geschäft des Betitelten — aber Grafen und Barone,
darunter denkt man sich doch mehrentheils begüterte Land=
besitzer, die bedeutenden Einfluß in ihrer Nachbarschaft
haben, denen politische und administrative Funktionen
zustehen. Wie komisch fällt es daher auf, bei Präsenta=
tion eines Kreditbriefes zu einem Baron hineingeführt
zu werden, der an einem Schreibtische Wechsel ausstellt
oder acceptirt und mit der Brille auf der Nase und der
Feder hinterm Ohr, Börsenkursmeldungen empfängt und
darauf bezügliche Weisungen ertheilt. Mit welchen
Blicken wohl die alten Normännischen Barone solche
Kollegen betrachtet haben würden. Freilich ist mit der
Zeit das Wort Baron seiner alten Bedeutung baar ge=
worden.

In ähnlicher Weise verhält es sich aber auch mit
dem Adel des übrigen Kontinents. Da der Titel nicht
an den Besitz gebunden ist, so muß es eine immer grö=
ßere Menge besitzloser Adliger geben und da diese sich
nicht durch Thaten hervorthun können, zu denen nicht,
in gleichem Grade Söhne aus dem Bürgerstande be=
fähigt wären; die intellectuelle Bildung aber nicht von
Titeln abhängen, noch sich danach richtet; so ist es kein
Wunder, daß eine solche leere Stellung des Adels ihm
in den Augen seiner Mitbürger keinerlei Vorzug erlaubt,
seine etwaige Prätensionen ihn vielmehr in immer größere

Aversion bei denselben verfallen lassen. Dergleichen Vorzug würde ja auch eine Abnormität sein, denn Titel ohne ritterliche Thatenproben geben keinerlei Bürgschaft für körperliche oder geistige Befähigung. Erziehung, Unterricht und Ausbildung aller Klassen richtet sich heute nach den Geldmitteln der Eltern und in diesen möchte wohl öfter der Bürgerstand den Vorrang haben.

Da nun der bloße Titel dem Träger, keine politische noch sociale Stellung gewinnt; dem Adelstande selbst aber durch die Menge der leeren Titelträger nur immer mehr Nachtheil in seinem schon so sehr geschwächten Ansehen entstehen muß; da auch eine den Anforderungen der Zeit gerechte Regierung, welche Titelfiguranten auf Kosten begabterer Staatsangehöriger ohne Titel nicht bevorzugen will, bald den Adel zum Gegner hat, der doch immer eine Stütze des Throns und der Volksrechte sein sollte, so würde es, meinen wir, in hohem Grade zur Vereinfachung und Regulirung der politischen Verhältnisse beitragen, wenn auch auf dem Kontinente ein der englischen Pairie ähnliches Institut gegründet würde, wo nur der Aelteste der Familie, der das Familiengut überkäme, den Titel führte und die übrigen Angehörigen sich mit dem einfachen Namen begnügen wollten. Die in frühern Zeiten geltende Ansicht, daß Handel und Gewerbe etwas für den Edelmann Unpassendes sei, hat vor der besseren Einsicht, wie hauptsächlich sie Land und Leute bereichern, die Segel streichen müssen, der Fabrikant wie der Kaufmann, sind eben so angesehen wie der Baron und der Graf, wenn sie durch Bildung und Betragen des feinen Umgangs sich würdig zeigen.

Aus dem Obengesagten ziehen wir summarisch das Resultat: daß der Adel eine aus der menschlichen Natur

hervorgehende Einrichtung ist; daß er besonderen Be=
stimmungen unterworfen sein muß, um nicht auszuarten,
sondern dem Geiste der jeweiligen Epoche zu genügen;
daß seine jetzige politische Stellung in einer Pairie ge=
funden werden könnte; daß diese Pairie an Grundbesitz
und eine gesetzmäßige Zahl gebunden würde und daher
alle andern Glieder der adeligen Familie außer dem äl=
testen Sohne, sich durch den fortgeführten Adelstitel vom
Bürgerthume nicht aussondern dürfen, daß endlich
dem intelligenten Verdienste der Weg zur Adel=
würde durch landesherrliche Ertheilung offen stehe.
Eine Hauptbedingung zu einer wirksamen Pairskammer
bleibe allerdings die Erhaltung des Familiengutes, sei
es nun als Fideicommiß oder, wie in England, durch
intailed property oder in welcher Weise man sonst be=
stimmt, daß ein gesammelter Besitz dem ältesten Sohn
der Familie zur Nutznießung zufalle, wenn er nur un=
zerstückelt bestehen bleibt. Denn sonst schwindet alles
konservative Prinzip aus dem Staate und es wird gehen
wie in Frankreich, wo jeder nur an sich selbst und seinen
augenblicklichen Genuß denkt. Den thatsächlichen Beweis
der Richtigkeit obiger Ansichten werden uns auf der
Kehrseite, die heutigen Zustände dieses Landes treffend
liefern, deren Darstellung wir deshalb hiernach folgen
lassen.

III. Französische Zustände.

In vieler Leute Ansicht hat es sich festgestellt, daß
Frankreich eine vorzügliche Gesetzgebung habe, daß sein
jetziger Reichthum eine Folge der Umwälzungen seit

1789 sei und daß französische Zustände für ganz Europa wünschenswerth erschienen. Allerdings, oberflächlich betrachtet, nehmen sich selbe sehr anziehend aus und diejenigen, welche dieselben in Deutschland eingeführt wissen möchten, zeigen dadurch nur, daß sie Frankreich nicht gründlich kennen, oder daß ihre Ansichten sich eigentlich nur auf die ziemlich freie Gewerbsbetreibung ohne Zunftzwang und Handwerksburschenwesen beziehen und alles Uebrige außer Acht lassen.

Seit der Abschaffung veralteter, drückender Verhältnisse sind erst 70 Jahre verflossen; was an deren Stelle trat ohne naturgemäßen Uebergang und zulängliche Vorbereitung ist noch zu neu, als daß über die Zweckmäßigkeit des Jetztbestandes schon ein endgültiges Urtheil abgegeben werden könnte, das günstig lautete. Nimmt man dahingegen die zufällig günstigen Umstände fort, die den Wohlstand gehoben haben, so kann die Zukunft nichts weniger als schmeichelnd erscheinen.

Die große Revolution ward, wenn auch nicht grade veranlaßt, so doch herbeigeführt durch die zerrütteten Finanzen des Königreichs, in welchem der Hof eine ganz abgesonderte Stellung einnahm, der Adel und die Geistlichkeit zu Staatslasten nichts oder nur sehr wenig beisteuerten, aber die einflußreichen und best retribuirten Stellen erhielten, und die Steuererhebung provinz- oder distriktweise an den Meistbietenden verpachtet wurde, der also das kontraktmäßige Recht besaß, die für steuerpflichtig gehaltenen Unterthanen zur Zahlung anzutreiben, d. h. sie auf alle Weise zu plagen und zu schinden.

Mit dem Ertrage der Abgaben ward nun noch obendrein die heilloseste Verschwendung an Hofleute und Maitressen, in Bauten und Vergnügen getrieben, sodaß

der Finanzminister, den Ausfall zu decken, nicht
mehr im Stande war. Hätten Adel und Geistlichkeit die
Einsicht gehabt, daß bei der gestiegenen Intelligenz
es an der Zeit sei, die alten Vorrechte aufzugeben; hätte
der Hof aufrichtig, da sie doch einmal unabweislich erschienen, Verbesserungen und freie politische Verhältnisse
gewünscht und zur Ausführung gebracht: so würde sich
Frankreich jetzt in das glücklichste Land verwandelt sehen,
in welchem der praktische Sinn und die Geschicklichkeit
seiner Bewohner, in aller Fabrikation und jeder Art
Gewerbe eine hohe Stufe der Vollkommenheit erreicht
hätte. Dahingegen war die Folge jener Mißbräuche
und der Verkennung der Zeit, die Enthauptung des
Königs, die Einziehung des Kirchen- und Klostervermö-
gens und des größten Theils der adligen Besitzungen.
Wo letztere etwa dem Fiskus entschlüpften, wurden sie
doch in ihrem Bestande solchergestalt verändert, daß sie
alle politische Bedeutung verloren. Auf diese Art wurde
demnach alles, was eine Monarchie konstituirt und stützt,
über Bord geworfen; auf dieser tabula rasa blieb die
nackte Republik, die alle möglichen Phasen durchmachte,
um, wie immer, zum Despotismus zu führen. Wieder-
holter Staatsbankerott, häufige Emeuten, Ermordungen,
Schreckensysteme mit Niedermetzelungen und Verurthei-
lungen zur Guillotine, Unsicherheit in Allem und Jedem und für Jeden riefen lebhaft den Wunsch nach einer
Monarchie wieder hervor und der Erste Konsul fand daher die große Mehrzahl der Nation bereitwillig, sich dem
Kaiserscepter zu beugen.

Zum Unglück Frankreichs war der glückliche Feld-
herr nicht in einen friedlichen Kaiser verwandelt; das
kriegerische Talent des Mannes lenkte ihn immer von

den inneren Verhältnissen und nöthigen Verbesserungen
ab und seine Gedanken führten ihn, wie er seine Unterthanen, in fremde Länder; die innere Communikation
wurde nur sehr wenig, die Kultur des Bodens gar
nicht befördert, Industrie und Handel durch den im-
merwährenden Kriegszustand und die Ungewißheit der
nächsten Zukunft, gehemmt und behindert; selbst die
Gesetzgebung jener Periode trägt den Stempel der Hast
und des augenblicklichen Bedürfnisses an sich, denn sie
ist mehr auf städtische Verhältnisse allein bedacht. Der
Code Napoléon, dieses so oft als das höchste in seiner
Art gerühmte Gesetzbuch, das aus halbverstandenen oder
ganz mißverstandenen Pandektenstellen und willkührlichen
Maßregeln zusammengeflickt ist, ohne Berücksichtigung
alles dessen, was Gesetzen Achtung und Anhänglichkeit
verschafft, leidet, außer andern, hier zu übergehenden
Lücken, an einem großen politischen Fehler. Dies ist die
Bestimmung, daß nach dem Tode des Erblassers Grund-
stücke, ja sogar Häuser etagenweise, in gleiche Theile
getheilt werden müssen und das Verbot, eine testamen-
tarische Verfügung über sein Gesammtvermögen nach freiem
Willen treffen zu dürfen. Da dieser Grundsatz bei den
Franzosen, mit wenigen Ausnahmen, Anklang findet und
auch von den sog. Freiheitsmännern anderer Nationen be-
wundert wird; so ist es wohl der Mühe werth, auf die
Widersprüche, die darin liegen, einzugehen und die endlichen
Folgen, die es bringen muß, näher zu betrachten. Jenes
Prinzip der Gleichvertheilung soll die Stütze der Freiheit sein. Nun fragen wir einmal, ob denn die Freiheit
nicht darin besteht, mit seinem Eigenthum, das Einem
wirklich gehört, d. h. das man selbst erworben oder von
jemand zur selbständigen Disposition empfangen hat,

nach Belieben schalten und walten zu können? Dies ist auch nach französischen Gesetzen soweit erlaubt, daß man sein Vermögen verzehren, verspielen, verschenken, auf alle Art verschleudern kann, aber es nach eigenem Wunsche unter seine Kinder testamentarisch zu vertheilen, ist nicht erlaubt. Dies ist dahin zu verstehen, daß der Vater nur über einen Kindestheil frei zu verfügen das Recht hat, so daß, wenn z. B. drei Kinder vorhanden sind, dem Vater ein **Viertel** des Vermögens zu ganz freier Verfügung steht. Wer darin Freiheit erblicken will, dem kann höchstens zugestanden werden, daß nur eine Bruchtheil=freiheit, also so gut wie gar keine in diesem Falle existirt.

Ein fernerer Widerspruch ist dieser. In dem Rechte, welches die Gesetzgebung den Kindern auf den Nachlaß einräumt, liegt die Idee des Familienvermögens zum Grunde. Dieses wird aber wieder durch die gezwungene endlose Zerstückelung aufgehoben und in solcher Weise unmöglich gemacht, ein ständiges Vermögen zuwege zu bringen.

Diese gänzliche Bestandlosigkeit im Vermögen kann auch nur zur Folge haben, daß die Zukunft mit mehr oder weniger Gleichgültigkeit betrachtet wird, daß Alle und Jeder zum Oeftesten nur an sich selbst denken und das Schicksal des Landes ihnen nicht mehr am Herzen liegt, als so lange sie darin leben. Der Franzose strebt daher besonders dahin, zu gewinnen, um zu verzehren, sich alle Art Genüsse zu verschaffen und seiner Eitelkeit zu fröhnen. Letzteres zeigt sich vorzugsweise in dem Nationalitätsgefühl der Franzosen. Dieses gründet sich nicht darauf, daß er auf die Gesetzgebung stolz sein könne, die ihm Theilnahme an der Leitung

der Administration, der Kommunal-, Departemental-
und Staatsangelegenheiten gäbe und daher Freiheit und
Unabhängigkeit sichern könnte, daß er sich auch in der
Fremde unter dem besondern Schutz seiner Regierung
fühlte, daß Frankreich in Kunst und Industrie etwa andern Ländern voranstehe, in Ackerbau und Viehzucht Aus-
gezeichnetes leiste u. dergl., nein, keineswegs; sondern
die französische Armee hat viele Schlachten gewonnen,
sich den Kontinent während einiger Jahre tributpflichtig
gemacht, Frankreich hat ein angenehm temporirtes
Klima, das den Aufenthalt behaglich macht und Paris
ist die Stadt, wohin die ganze Welt eilt, um wohl zu
leben und sich zu amüsiren: darauf thut der Franzose
sich etwas zu gut. In dem Gedanken, daß er dieses
schöne Land bewohnt und seine Vorfahren sich kriegsge-
schichtlichen Ruhm erworben haben, beruht sein Natio-
nalgefühl. Wie sollte es auch anders sein? Er kann
bei dem geltenden Theilungsprinzip nichts für die Zukunft
thun, das Bestand hätte, er kann es berechnen, daß, je
mehr er für seine Kinder sammelt, um ihnen eine ge-
sicherte Existenz zu schaffen, je eher sie sich etabliren können, desto mehr Kinder werden sie bekommen und um
desto eher zerbröckelt sich das Vermögen. Bei keinem andern Stande zeigen sich die Nachtheile dieses Prinzips
so klar, als bei dem Landbesitzer; denn nur diese un-
endliche Zerstückelung kann es erklären, warum in Frankreich der Ackerbau, trotz des durchgehends guten Bodens,
des vortrefflichen Klimas und des intelligenten Fleißes
der Nation, so weit zurückgeblieben ist. Wer wollte sich
auch damit befassen, auf einem größeren Grundstücke
reelle Verbesserungen zu machen, da er nicht sicher ist,
das Grundstück lange genug unzertheilt zu erhalten, bis

es die ausgelegten Kosten ersetzt hat. Bevor nämlich
der Ertrag reichlich genug eingekommen, ist vielleicht das
Grundstück schon unter seine Kinder vertheilt oder par=
zellenweise (par lots) verkauft, was die Erben mehren=
theils vortheilhafter finden; die auf das Ganze berech=
neten Bauten und Einrichtungen verlieren ihren Zweck
und ihren Werth, so daß die hineingesteckte Summe gro=
ßentheils eingebüßt wird.

Es bestanden bei der vorletzten Zählung 1856 zwölf
Millionen einregistrirter Landstücke in Frankreich, von
welchen zwar mehrere in einer und derselben Hand wa=
ren, von denen aber zwei Millionen nicht die Größe
eines Morgens hatten. Daher kommt es denn auch, daß
der Staat alle größeren Unternehmungen, wie drainage,
Hagel= und Viehversicherungen u. s. f. aus Staatsmitteln
unterstützen muß, wenn sie bestehen sollen und daher mö=
gen von Staatswegen noch so viele Modellhöfe und
Landwirthschaften angelegt werden; die Agrikultur wird
unter diesen Verhältnissen in Frankreich nie den erfor=
derlichen Ertrag bringen und seine Bevölkerung allzeit
von fremder Einfuhr leben müssen, so lange als der
Grundbesitz nicht unter ein gesetzmäßiges Mini=
mum getheilt werden darf.

Dagegen wenden die Vertheidiger des agrarischen
Theilungssystems ein, daß die jetzigen kleinen Landpar=
zellen zehnmal so viel eintragen, als früher die großen
Besitzungen. Dies hat nun zwar im Allgemeinen seine
Richtigkeit, aber woher kommt dieses Resultat? Es lassen
sich hiefür besonders zwei Ursachen anführen, erstlich,
weil die früheren großen Besitzungen durch die bestän=
dige Abwesenheit der Besitzer in Paris so schlecht ver=
waltet und kultivirt wurden, daß nichts in die Kasse des

3

Besitzers kam, und zweitens, weil das ganze Verpach=
tungssystem ein zweckwidriges ist, bei welchem keine
Parthie gewinnen kann, und mehrentheils eine wirksame
Kontrole nicht möglich ist. Wenn man ein Kapital in
den Kasten legt, trägt es keine Zinsen und bringt folg=
lich weniger ein, als eine kleine Summe, die zu mehr
oder weniger Prozent angelegt ist. Das kann aber doch
unmöglich beweisen sollen, daß 1000 Thaler in einer
Anlage weniger einbringen, als zehnmal 100 Thaler in
zehn verschiedenen Anlagen?

Wir haben schon oben bemerkt, daß Napoleon bei
seiner Abdankung, Frankreich nicht in einem solchen Zu=
stand verließ, als man sich hätte von ihm erwarten kön=
nen. Es wurde der Restauration daher auch schwer, die
Staatseinnahme auf mehr als eine Milliarde zu bringen,
wogegen die Staatsschulden noch, gegen jetzt, sehr un=
beträchtlich waren. Die Arbeitskräfte fehlten, nach einem
Ausfall von zwei Millionen Menschen, welche die Kriege
des Kaisers dem Lande gekostet hatten und der Vermin=
derung des Kapitals, welche bei dem, in Folge der Con=
tinentalsperre gänzlich stockenden Handel eingetreten war.
Nur der geographisch so vortheilhaften Lage, dem frucht=
baren Boden und günstigen Klima, sowie vorzüglich den
seit 1814 wieder geöffneten Häfen des Landes verdankte
das July=Königthum, daß die Staatseinnahme auf
zwölf bis vierzehn hundert Millionen gebracht werden
konnte. Unter der Regierung Louis Philipps ward
der Grund zum jetzigen Wohlstande durch eine Menge
nützlicher Maßregeln gelegt. Straßen= und Wegebauten,
Kanalanlagen, Hafenbauten und der Anfang der Eisen=
bahnen fanden in den Jahren von 1830 bis 1848 Statt.
Das neue Kaiserreich gab letzteren Unternehmungen einen

besondern Aufschwung. Die zu eben der Zeit in England vollendeten Bahnbauten ließen ein jährlich darin flie= ßendes Kapital von dreißig Millionen Pfund Sterling disponibel, das großentheils von den Engländern bei den, unter Aufsicht der Regierung, nach gesetzlichem Plan auszuführenden Bahnen in Frankreich verzinslich ange= legt wurde. Der rasche Fortschritt des Landes war die Folge und eine plötzlich erhöhte Valuta im ganzen Um= fang des Eisenbahnnetzes dadurch leicht erklärlich, daß Paris, als Hauptmarktplatz, rasch und billig zu erreichen war und der Pariser Preis sich daher in allen Depar= tements verbreitete. Die schnelle Zunahme der Bevölke= rung der Hauptstadt erforderte immer größere Provisio= nen, so daß, trotz der bedeutendsten Zufuhren, die Preise der Lebensmittel fortwährend stiegen. Mit der Werth= erhöhung aller Produkte ist natürlich das Steigen des produzirenden Bodens gleichlaufend.

Daß unter solchen Verhältnissen die Staatseinnahme auf zwei Milliarden gebracht werden kann und dem Spe= kulationsgeist ein weites Feld offen steht, also bedeutende Vermögen gesammelt werden können, wird jeder leicht begreifen; aber der Franzose will nicht begreifen, daß dies ein transitorischer Zustand ist und diesem fortwäh= renden Geldmachen einmal ein Ende gemacht werden muß, wenn das Land nach allen Seiten ausgebeutet ist und sich die Theilung des elterlichen Vermögens in eine Verkrümmelung alles Besitzthums verwandelt haben wird. Dies erkannte Napoleon schon 1810 und äußerte, es seien ihm bei Genehmigung des Code die betreffenden Paragraphen entgangen; er beabsichtigte daher eine Kommission zu ernennen, die eine reifliche Erwägung der Sache ihm vorlegen solle. Allein die Vorbereitungen

3*

zum Kriege gegen Rußland, die schon im Jahre 1811 anfingen, nahmen seine ganze Aufmerksamkeit in Anspruch. Und so ist die Sache geblieben und wird so bleiben, bis die Noth dazu zwingt, eine Aenderung zu treffen, oder der Staat selbst, troß des Reichthums seines Bodens und der Bravour seiner Bevölkerung, einer Zerstückelung unterliegen muß.

„Aber Frankreich ist ein unerschöpflich reiches Land" hört man überall den Journalisten nachschwätzen und als Beweis von der Wahrheit dieser irrigen Behauptung die Thatsache anführen, mit welcher Leichtigkeit ungeheuere Staatsanlehen durch allgemeine Unterzeichnungen zu Stande kommen. Allerdings fand der Staat bisher ohne Schwierigkeiten Geld; dies hat jedoch ganz andere Ursachen, als die man hiefür angibt. In früheren Zeiten wandte sich jemand, der keine Hypothek hatte und nur erst auf eine durch Erbschaft zufallende hoffen konnte, wenn er in Geldnoth war, an die Juden, die ihm gegen eine möglichst bündige Verschreibung eine Summe Geldes liehen, die vielleicht zwei Drittel des verschriebenen Kapitals ausmachte. Hievon mußte er nun noch einen Theil in alten Pretiosen, schlechten Papieren u. dgl. annehmen, bekam also höchstens die Hälfte des Werthes, für welchen er Quittung ausstellte. So arg geht nun freilich die jetzige Finanzwirthschaft der europäischen Staaten nicht zu Werke, aber es ist und bleibt denn doch derselbe Grundsaß, wenn eine Regierung dadurch Gläubiger anzulocken sucht, daß sie sich z. B. 66 für 100 einzahlen läßt und sich und Andere glauben machen will, sie zahle hiefür nur 3 Prozent Zinsen. Ist das nicht im Resultate ein ähnliches Verfahren, wie wenn der Jude seinem Schuldner

alte Uhren, Bruſtnadeln u. dgl. dem Kapitale, das er
leihen ſoll, zur Ergänzung beilegt? Verſteht ſich mutato
mutando. Die Nachkommen ſollen, falls ſie die ohne ihr
Wiſſen und Willen gemachten und nun auf ihnen laſten=
den Schulden abtragen wollen, 34 Prozent mehr bezah=
len, als die Staatskaſſe vom Gläubiger erhielt, oder der
Staat muß ſelbſt bis zum Börſenſpiele herabſteigen, um
ſeine Obligationen nach und nach möglichſt vortheilhaft
d. h. wenn ſie an der Börſe niedrig ſtehen, zurückzu=
laufen, wobei er allemal der verlierende Theil iſt; ſei
es in pecuniärer Hinſicht, weil beim Verſchwinden vom
Markte, eines Theils dieſer Staatspapiere, die Speku=
lation ſie in die Höhe treibt, ſei es in politiſch=ökono=
miſcher Beziehung, weil eine anhaltende „baisse" der=
ſelben jetzt auf alle Geſchäfte und Unternehmungen
äußerſt verderblich zurückwirkt und, ſo zu ſagen, in den
Blutlauf des Staatslebens eine ſehr nachtheilige Stö=
rung bringt. Hiezu kommt aber noch dieſes: Um ſeinen
Gläubigern den Beſitz der Papiere, oder der Staatsfonds,
des rentes, wie es in Frankreich heißt, möglichſt ange=
nehm zu machen und den Staatskredit zu heben, unter=
liegen ſie keiner Staatsabgabe irgend welcher Art, ob
ſie in feſten Händen bleiben oder im Verkehr erſcheinen.
Dahingegen jedes hypothegirte Immobiliar= ſowie Mo=
biliarvermögen an und für ſich und noch obendrein bei
jedem Wechſel des Beſitzers enorm beſteuert iſt. So
zahlen von der Erbſchaft Kinder 1 Prozent und je nach
der entfernteren Verwandtſchaft die Erben bis zu 7 Pro=
zent an den Fiskus. Der weiter als zu einem gewiſſen
Grad Verwandte, oder der durch Teſtament eingeſetzte
nicht verwandte Erbe zahlt 10 Prozent. Beſteht die Erb=
ſchaft in Grundſtücken oder ſonſtigen Immobilien, die

sich nicht leicht theilen lassen, dann wird sie unter den Hammer gebracht und von dem Käufer nimmt der Fiskus wiederum, je nach Oertlichkeit und Beschaffenheit, 8 bis 10 Prozent. Diese Abgabe berechnet aber jener wohl beim Aufgebot und folglich verliert die Masse durch diese doppelte Aussaugung des Fiskus sehr oft bis zu 16 Prozent, also nahezu den sechsten Theil ihres Werthes. Es ist daher nichts natürlicher, als daß jedermann solchen Besitz zu erwerben sucht, den er, ohne Steuern zahlen zu müssen, anf jede Art veräußern, auch, weil das Papier oft auf porteur lautet, in diesem Falle ver- erben kann mit Hintergehung des Fiskus, und von wel- chem ihm ohne sonstige Weitläufigkeiten seine Interessen rechtzeitig ausgezahlt werden. Alle hypothekarisch ange- legten Gelder erfordern tausend Formalitäten, sind einer beständigen Aufsicht und gelegentlichen Besteuerung von Seiten der Regierung unterworfen, ihre Transportirung von einer Stelle an eine andere ist mit Scherereien und Kosten aller Art verknüpft, bei welchen der einfache Mann alle Kontrole aufgeben muß. Daher ist auch besonders der kleine Handwerker und Landbesitzer dabei interessirt, seine Sparschaften in Staatsfonds anzulegen. Endlich kommt hier noch der Nationalwunsch aller Franzosen, in Paris leben zu können, mit in Betracht. Der Fran- zose arbeitet tüchtig und spart gern, um so viel zusam- menzubringen, daß er in Paris unter dem Dache schla- fen und auf den Boulevards und in den Cafés und Theatern den Tag zubringen kann. Hat er so viel gesam- melt und in Fonds angelegt, so steckt er seinen Schatz in die Tasche und zieht nach dem modernen Babylon, hebt daselbst seine Zinsen selbst und fühlt sich glücklich. Denn, wie wir schon oben bemerkt haben, der Gedanke

an die Zukunft ist bei ihm wie erloschen, er braucht daher blos an sich zu denken und wenn er sich augenblick-
lich befriedigt fühlt, so lastet keine Pflicht auf ihm.

Fassen wir die Gründe, welche die große Leichtigkeit
der Anlehen in Frankreich erklären, kurz zusammen, so
finden wir sie darin, daß unter den jetzigen Zeitumstän-
den viel Geld verdient worden ist, das mit so wenigen
Kosten, als möglich, untergebracht werden sollte; daß
hiezu die Staatsfonds die beste Anlegung darbieten, da
sie, neben Abgabenfreiheit 4½ Prozent Zinsen einbringen,
dazu die Hoffnung auf einen Kapitalzuschlag unterhalten,
wenn diese Papiere auf der Börse bedeutend gestiegen
sind und man sie verkaufen will, daß bei einer Erbmasse
die Theilung des darin angelegten Geldes leicht und
ohne Anwendung des Hammers, also mit großer Kosten-
ersparniß geschehen kann und endlich, daß es ein Besitz
ist, der, leicht transportabel, überall dieselben Zinsen
ohne Abzug bringt und ohne andere Personen verwaltet
werden kann.

Ersparniß von Kosten, die sich auf die eine oder
andere Weise vermeiden lassen, ist ein Gewinn, der auf
das Kapital rückwirkt. Aus diesem Grunde haben sich
die „Sociétés anonymes“ für eine oder andere Unter-
nehmung gebildet. Denn eine solche Kompagnie, welcher
kein persönlicher Name anklebt, sondern nur ihr Zweck
sie bezeichnet, kann nicht verkauft werden, noch sterben;
es ist eine Aktiengesellschaft, deren Concession auf 60
bis 80 Jahre oder noch länger lautet. Sie zahlt also
während dieser Zeit weder Erbschafts- noch Hammerab-
gaben, ob ihre Mitglieder oder Aktieninhaber auch hun-
dertmal wechseln, und da gewöhnlich gerechnet wird, daß
der Fiskus durch die verschiedenen Steuern und Abgaben

den ganzen Besitz im Lande innerhalb hundert Jahre
verschluckt, so gewinnt eine solche Gesellschaft für diesen
Zeitraum durch die Steuerfreiheit ihr ganzes Einlage=
kapital. Wenn sie sich endlich auflöst, bleibt auch keine
Hinterlassenschaft, von welcher der Fiskus ziehen kann,
denn jeder Theilnehmer behält das Seine.

Die Gründung der mannigfaltigsten Kompagnien
und Sociétés, so wie der Ankauf von Staatspapieren,
wird aber nicht dadurch allein begünstigt und angespornt,
um sich der Aussaugung des Fiskus zu entziehen, sondern
auch durch die hindernde, lästige und wenigstens stets
unangenehme Administrationseinmischung oft bis ins
kleinste Detail aller Geschäfte. Und um diese Beaufsich=
tigung, Bevormundung, Besteuerung und Beherrschung
dieser oft so gepriesenen Administration, welche in der
vollständigsten Centralisation besteht, durchführen zu kön=
nen, werden, außer einer Armee von 400,000 Mann im
Frieden, über 600,000 Offizianten und Civilbeamte von
der Regierung ernannt und besoldet. Es sind also, wenn
man den vierten Theil der Nation zu der arbeitenden
und erwerbenden Mannszahl rechnet, aus einer Bevöl=
kerung von 36 Millionen Seelen 9 Millionen arbeits=
fähiger Männer; aus dieser Zahl nimmt der Staat den
neunten Theil, meistens im kräftigsten Alter, zur Lenk=
ung und Leitung der anderen, dem Erwerbe weg und
macht ihn zum bloßen Zehrstande. Dies ist die ökono=
mische Seite, die moralisch=politische aber ist diese, daß
er mit dieser Million Instrumenten seines Willens so in
Alles hineinregiert, daß z. B. auf einem Dorfplatze kein
Baum gepflanzt oder abgehauen werden darf, ohne die
vorher eingeholte Genehmigung aus Paris; daß keine
Kommunal=, Municipal= oder Deputirtenwahl ohne die

Einmischung der Centralregierung Staat findet und größtentheils nach ihrem Wunsch und Willen gelenkt wird. Ja nicht einmal die Gestorbenen haben vor ihr Ruhe, sondern erst der Attest eigens dazu angestellter Aerzte läßt die Leiche als solche gelten und gestattet ihre Bekleidung. Nach dem Ausspruche dieses Arztes, daß der Gestorbene wirklich todt sei, muß nun wiederum innerhalb 24 Stunden die Leiche von eigens dazu angestellten Leuten in den Sarg gelegt werden, worauf sie unter polizeilicher Aufsicht fortgeschafft und ins Grab gelegt wird. Eine obrigkeitliche Bescheinigung besagt dann, daß es wirklich der N. N. sei, der gestorben und in dies und dies Grab versenkt worden sei. Es sind der Formalitäten zu viele.

Ein anderes der gepriesenen principes de 89 ist die Gleichheit. Preisen muß man die Gleichheit vor dem Richterstuhle und in der verhältnißmäßigen Tragung der Steuern und sonstigen Staatslasten. Damit hört sie aber auch auf; denn Intelligenz, Kenntnisse, Kunstfertigkeit, Vermögen u. s. f., mit einem Wort, die physischen und moralischen Kräfte der Menschen weisen ihnen ihre proportionelle Stellung unter einander an. Dies ist in der Natur begründet und anders wäre unsere Gesellschaft, der Staat, nicht möglich. In Frankreich aber will es anders sein; Alles will von unten nach oben, Vieles sinkt von oben nach unten, weil die Gleichheit (im frz. Sinne) Alles erklärt und entschuldigt. Die unteren Klassen respektiren Niemand. Ist jemand gut und sauber gekleidet, kann er sicher sein, auf der Pariser Straße sofort von einem Arbeiter angerannt und mit Kalk oder Mehl bestaubt zu werden. Geht ein wohlgekleideter Mann grade auf einen Handwerker zu, so weicht dieser gewiß

nicht aus, um seiner Gleichheit nichts zu vergeben;
macht dagegen Ersterer im Entferntesten Miene, ihm Platz
zu machen, dann geht er in einem großen Bogen aus
dem Wege. Redet man einen Pariser Handwerker schlecht=
weg an, wird er, wo nicht eine grobe, so doch in im=
pertinentem Tone Antwort geben; bedient man sich aber
des Ausdrucks der Gleichheit: „Monsieur" bei der An=
rede, so wird er in der allerbereitwilligsten Weise eine
weitläufige Explikation anfangen, die um so wortreicher
ausfällt, als die Redelust eine Nationaleigenschaft ist.
Ja sogar der schmutzige Lumpensammler will mit demselben
Worte und seine Kollegin mit „Madame" traktirt werden,
so daß zwischen ihr und der Souveränin in dieser Bezieh=
ung kein Unterschied ist. Daß sich der frühere feinere
Ton fast ganz verloren hat, ist nicht zu verwundern.

Dies sind zwar nur Aeußerlichkeiten, die weiter
nichts schaden, aber schaden thut es, wenn der Arbeiter
und der Handwerksmann aus dem Gleichheitsgefühle
den Vorwand hernimmt, alle Vergnügungen der Wohl=
habenden auch zu genießen. So z. B. will er auch ins
Theater gehen und vergeudet vielleicht fünf Franken
oder mehr wöchentlich daran, will gut essen und trinken,
(nicht allein hinreichend), will öffentliche Belustigungen
mitmachen, wobei er schnell sein Geld los wird und für
die Zukunft nichts erübrigt. Er lernt aber auch in der
Jugend nicht Achtung vor Andern und auch nicht vor
dem Gesetze. In der Kinderstube fängt die Unabhängig=
keit schon an, die hausväterliche Gewalt existirt nicht
und mit den Kindern wird schon discutirt, als ob sie
erwachsene Personen wären. In den Schulen werden
ihnen schon Orden verschiedener Abstufungen angehängt,
um frühzeitig die Ambition bei ihnen zu wecken. Der

gesetzliche Anspruch), den sie auf das Vermögen ihrer El=
tern haben, läßt auch in der Familie keine wahre Sub=
ordination bestehen und erwachsene Kinder betrachten
oft die Eltern als ein Hinderniß, das zwischen ihnen
und dem Erbtheile steht. Das Gesetz wird nicht als die
Bedingung alles staatsbürgerlichen Lebens betrachtet und
als solches respektirt, sondern blos als eine Scheidewand
angesehen, über welche man ungestraft nicht springen
darf. Die Polizei warnt nicht, sie sucht nicht vor der Ueber=
tretung der Anordnungen abzuhalten, sondern sie befiehlt
und sucht des Uebertreters der Vorschrift habhaft zu
werden, um ihn zu bestrafen. Dies kann man ihr vor=
werfen, aber sie kann nicht anders handeln, weil kein
Gehorsam vor dem Gesetze vorhanden ist, sondern nur
Furcht vor der Strafe erhält, bei strengem Polizeidienste,
die Ordnung. Das sind die Folgen dieser eingebildeten
Gleichheit, die in jedem bürgerlichen und dienstlichen
Verhältniß von selbst verschwinden muß; denn der Herr
ist dem Diener nicht gleich, der Meister eines Handwerks
ist den Gesellen nicht und diese wiederum den Lehrjun=
gen nicht gleich; der Präsident eines Gerichtshofes ist
dem Gerichtsboten nicht gleich; der Polizeimeister dem
Schutzmann nicht gleich, und ebenso stehen die vielen
Abstufungen im Militär, wo die Subordination erfor=
dert wird, mit jener Gleichheit im grellsten Widerspruch.
Es sind folglich diese Maximen auf der einen Seite eben
so weit ausschweifend vom Rechten und Wahren, als
auf der andern die Steuerfreiheit des Adels, sowie jede
ungerechte Prätension irgend eines Theils der Nation auf
Kosten der Rechte eines andern Theils. Wie ist dem
aber abzuhelfen? Durch richtige Ponderation der ver=
schiedenen Staatsfaktoren oder den Konstitutionalismus.

IV. Konstitutionelle Verhältnisse.

Daß wir eine autokratische Regierungsform noch für die Gegenwart als unmöglich ansehen, ist bereits mehrfach ausgesprochen und überall ist sie auch aufgegeben, wenigstens dem Scheine nach. Es muß aber aufrichtig und ehrlich geschehen, wenn Gedeihen davon erwartet werden soll. Die Regierung darf nicht unumschränkt regieren wollen neben einer Landesvertretung; solche Widersprüche führen endlich zum Verderben, weil das Volk, wenn eine feste Ueberzeugung sich bei ihm Bahn gebrochen hat, am Ende doch der stärkste Theil ist.

Betrachtet man das Regieren aus einem uninteressirten Gesichtspunkte, so kann man nicht leugnen, daß Freude dabei wenig zu holen ist, es aber eine große Verantwortlichkeit auferlegt. Wenn der Regent diese Verantwortlichkeit von sich abwälzt und auf Minister und Kammern überträgt, ist er sicherlich in einer weit angenehmeren Stellung; er kann den Impuls zu allem Guten und Nützlichen geben, ohne für etwas Schädliches verantwortlich zu sein. Ist denn dies nicht weit glücklicher, als die kleinliche Befriedigung, die in dem Gefühle liegt, unumschränkt gebieten zu können? Die Behauptung, daß der Selbstherrscher die Bedürfnisse des Landes besser beurtheilen könne, als eine Landesvertretung, ist so widersinnig und abgeschmackt, daß sie keiner Beachtung werth ist.

Die Kammern, die aus Personen von allen Theilen des Landes zusammengesetzt sind, müssen die Bedürfnisse und Wünsche desselben besser kennen, als die Regierung. Die Kammern können daher auch nur über innere Angelegenheiten beschließen, z. B. die Regierung darf keine

Abgaben ohne Bewilligung der Kammern ausschreiben, keine Schulden machen u. s. f. Dieses köstlichste Recht jeder Landesvertretung würde ein für allemal den Krieg verhüten, da in jetzigen Zeiten kein Volk das andere mehr zu bekriegen wünscht. Auch würden auf solche Weise die kriegs= und soldatenlustigen Regenten abgekühlt wer=den. Wenn sich demzufolge die Nothwendigkeit großer Armeen als ungeboten zeigte, würde die erste Pflicht der Regierungen und Kammern sein, den Staatshaushalt zweckmäßig zu ordnen und die Steuern nicht mehr nach dem Prinzip auferlegt werden, „wo man etwas bekom=men, sondern, wo es am leichtesten entbehrt werden könnte."

Eine der zweckwidrigsten und störendsten aller Ab=gaben bleibt immer der Zoll, weil er den Verkehr nicht allein belastet, sondern auch hemmt; weil er die höchsten Erhebungskosten verursacht und weil er der Eintracht der Völker zuwiderarbeitet. Bei diesem Gegenstande wol=len wir den Staatsökonomen die Frage vorlegen: Was ist denn eigentlich der Schutzzoll? Ist es nicht eine Be=steuerung des ganzen Landes zum Vortheil einiger Fa=brikanten? Weil diese mit der Fremde nicht konkurriren können, muß das ganze Land ihre Fabrikate viel theurer bezahlen, als das Ausland sie in obendrein vielleicht besserer Qualität liefert. Man schreit über die Privile=gien des Adels, die sich doch auf geleistete Dienste grün=den, während das Protektionssystem nichts ist, als eine willführliche Begünstigung Einzelner zum Nachtheil der Konsumenten. Der Adel zahlte die sog. Kriegssteuer mit seiner persönlichen Leistung, war also geldsteuerfrei. Was thun diese protegirten Fabrikanten? Sie führen biswei=len den Krieg herbei und brechen gewöhnlich während

des Krieges zusammen. Nach Aufhebung der Zölle wird
jeder Boden und jeder Ort das Produkt, welches er na-
turgemäß am leichtesten erzeugt, für den billigsten Preis
zu Markte bringen. Die leichte und rasche Kommunika-
tion wird ganz Europa zum allgemeinen Emporium
machen, folglich die Preise aller Naturalien sich billiger
und gleichmäßiger stellen und die Fabrikate dort gefer-
tiget werden, wo Handarbeit, Rohprodukt und die zur
Fabrikation nöthigen Gegenstände am wohlfeilsten sind.
Ein billiger Preis befördert den Absatz; ein rascher und
sicherer Absatz gibt den besten Gewinn und läßt die Ar-
beitsklasse nie feiern, vermindert dadurch die Armuth und
hebt die Moralität. So hängt das Eine am Andern,
weßhalb Handel und Gewerbe möglichst wenig belastet
werden dürfen. Man würde weit besser thun, mehr auf
die direkte Besteuerung zurückzukommen, trotz aller Theorien und Scheingründe, die dagegen vorgebracht
werden.

Bei Erleichterung der Steuern kommt auch die
Schuldenabtragung sehr in Betracht, weil das Schuldenmachen nicht allein Krebsgeschwür der jetzigen Finanzverhältnisse ist, sondern ein großes Unrecht gegen die
künftige Generation. Bei jeder ungewöhnlichen Begebenheit wird ohne weiteres Bedenken eine Anleihe kontrahirt und dabei immer nur die Last der dadurch entstehen-
den jährlichen Zinszahlung beachtet. Wohin führt dies
am Ende? Die Zinsenlast wird so groß, daß an Kapi-
talabtrag gar nicht mehr zu denken ist, wie z. B. in
England, wo der Sinking fund (Tilgungsfond) aufgegeben ward, um die Steuerlast zu ermäßigen. Die Eng-
länder wollen es nicht einsehen, daß sie dem Untergange
unausbleiblich entgegengehen, falls sie sich nicht bald an

die Abtragung ihrer Schuld machen, und doch können
sie bei jeder Rüstung zu einem Kriege die Ausgaben
nur mit neuen Schulden bestreiten. Mehr als die Hälfte
ihrer Staatseinnahme geht zur Zinsenzahlung fort und
dennoch spricht Einer dem Andern es nach, daß
es dem Staat eine Sicherheit böte, wenn er Debitor
der Staatsunterthauen sei. Die Unrichtigkeit solcher Be=
hauptungen wird schon dadurch evident, daß das Kapi=
tal, welches beim Staate angelegt ist, nur dem Gläubi=
ger eine sichere Rente bringt. Es ist aber für das Ge=
meinwesen eine todte Last, statt daß solche Kapitalien,
auf Ackerbau, Industrie oder Handel verwendet, einen
ganz andern Umlauf bekämen und nach allen Seiten
Vortheil abwerfen würden. Das ist aber nicht Alles;
die Staatsbürger müssen auch wiederum Zinsen aufbrin=
gen für diese unfruchtbaren Kapitalien und diese Zinsen
gehen ebenfalls aus den Geschäften fort, um Gläubiger
zu befriedigen, die nicht produziren, sondern blos kon=
sumiren. Man sagt allerdings von kleinern Staaten,
daß eine Art sie zu bereichern, das Schuldenmachen ist.
Das mag sein, wenn von fremden Kreditoren Kapitalien
hergeliehen und zum Vortheil der Kultur, Kommunika=
tion und Fabrikation verwendet werden; aber in großen
Staaten, wo die Gelder durch Zeichnungen der Staats=
bürger zusammenfließen, ist es eine Entziehung der Mit=
tel, welche allen Gewerben weit vortheilhafter für das
gemeine Beste dienen würden.

Diesen Betrachtungen gemäß, die noch sehr vermehrt
werden könnten, müssen wir die Kontrole der Finanzen als
die erste und wichtigste Pflicht der Kammern hinstellen.
Zu beklagen ist es, daß noch in vielen Ländern ihnen
dieses Geschäft sehr erschwert, ja sogar an einigen Orten

ganz und gar bestritten wird. Man will ihnen nur die
Kontrole und Bewilligung der Extraordinärausgaben
und Steuern einräumen, während man ihnen volle Freiheit in den Beschlüssen über Gesetzgebung läßt. Da
möchten wir fragen, wo ein richtiges Urtheil zu finden
ist? Wer die vier Spezies rechnen kann, wird die Höhe
der Zahlen im Budget begreifen; wer von seinen Mitbürgern zu ihrem Vertreter in den Kammern gewählt
ist, wird den Bedarf des Landes, seine Produktion und
Konsumtion kennen, und kann folglich ohne Schwierig-
keit beurtheilen, ob die Ausgaben zu den Einnahmen,
das Bedürfniß zur Steuerfähigkeit passen. Von vielen
Abgeordneten kann man es aber billiger Weise nicht
verlangen, daß sie im Stande sein sollen, die Civilge-
setzgebung zu beurtheilen, viel weniger Abänderungen
oder Neuerungen darin mit gründlicher Ueberzeugung zu
votiren, Aenderungen, die in die innersten Familien-
und Vermögensverhältnisse, in Eigenthums- oder Han-
delsrechte eingreifen und Tausende in ihrem Rechtszu-
stand verrücken. Das überläßt man den Kammern gerne,
aber an den Staatsgeldbeutel zu rühren, das wäre ge-
fährlich! Warum? Weil es ihnen einfallen könnte das
Armeebudget und die Beamtengehalte zu beschneiden
oder gar die Entbehrlichkeit eines großen Theils derselben auszusprechen.

Die Kammern werden vom Regenten einberufen,
damit sie seine Regierung über die Bedürfnisse des Landes, die Geschäftsführung der Beamten u. s. f. unterrichten und im Streben nach dem gemeinschaftlichen
Ziele, der Wohlfahrt des Landes, unterstützen. Denn
Niemand kann und darf voraussetzen, daß eine Regierung diesen Zweck nicht vor Augen habe, und noch we-

niger kann den Kammern eine andere Absicht unterlegt
werden. Wenn nun zwar, nach hergebrachter Form, der
Regent noch immer sagt: „Mein Land, Meine Ar=
mee" u. dergl., so glaubt doch darum Niemand mehr,
daß eine durch Konscription vom Lande gestellte, aus
der Staatskasse bezahlte Armee jemanden Anders, als
dem Staate gehöre; noch weniger gehört das Land dem
Regenten, im Gegentheil, er gehört dem Lande und ihm
gehört das Recht, darin zu regieren. Damit er dies
zweckgemäß und wirksam könne, weil er unmöglich im
Stande ist, überall und Alles selbst zu kontroliren,
muß er sich von Anderen darin unterstützen lassen. Fürst,
Regierung, Landesvertretung verfolgen also einen und
denselben Zweck; warum wollen denn nicht Alle an
Einem Seile ziehen? Warum wollen die Regierungen
beständig die Wirksamkeit der Kammern schmälern? Wa=
rum mischen, sich die Kammern so oft in Sachen die
einzig der Exekutivgewalt angehen?

Hier möchten wir wiederum das Beispiel Englands
empfehlen, wo Krone, Ministerium, Ober= und Unter=
haus, das ganze Land, immer dasselbe Ziel vor Augen
haben und nur über die Art, es zu erreichen, verschiede=
ner Ansicht sein können. Ja, selbst der Führer der Op=
position im Unterhause sagt: „Ihrer Majestät pflicht=
schuldigste Opposition ist der Meinung rc." Es ist aber
Pflicht gegen die Krone, zu opponiren, damit ein zu
verhandelnder Gegenstand gehörig erwogen werde.

Die unbehindert vom Lande gewählten Kammern
sind also eine Stütze des Thrones, eine Erleichterung
der Regierung und für den Regenten selbst übernehmen
sie einen großen Theil der Verantwortlichkeit, die sonst
auf ihm allein ruhen würde; für das gesammte Europa

4

sind sie ein Damm gegen frivole Kriege, eine Garantie des allgemeinen Friedens.

V. Der bewaffnete Frieden.

Dieser moderne Ausdruck ist ein Widerspruch in sich selbst. Bewaffneter Friede! Wo wirklich Friede ist, legt man die Waffen nieder. Ein „bewaffneter Friede" kann folglich nichts Anderes bedeuten, als ein Waffen= stillstand und kaum so viel, denn bei diesem ist es für die festgesetzte Dauer ein Ehrenpunkt, keine Feindselig= keit auszuüben. Der bewaffnete Frieden erlaubt es da= gegen, beliebig über seinen Nachbar herzufallen, wofür gewiß allezeit irgend ein Scheingrund sich auffinden läßt. Ist dann aber ein solcher Zustand mit der gerühmten Aufklärung des 19. Jahrhunderts vereinbar? Sollte dies die Folge der fortlaufenden leichten Verbindung der Länder Europas durch Eisenbahnen und Telegraphen= drähte sein? Lernen die Völker sich untereinander näher kennen, um sich anzufeinden? Ist wirklich Feindschaft unter den Völkern Europas oder existirt sie nur zwischen ihren Regierungen? Soweit wir die verschiedenen Na= tionen kennen, ist von Feindschaft nur da die Rede, wo eine Unterdrückung der Nationalität statt findet; sonst wünscht Alles Frieden, Ruhe, Freundschaft und deshalb gegenseitiges aufrichtiges Entgegenkommen. Was bedeu= tet denn eigentlich diese, die Kräfte aller Staaten ver= zehrende Bewaffnung, die bisher immer nur den Krieg herbeigeführt und keineswegs den Frieden erhalten hat? Ein Vorwand ist es, um in einem Land mit einer Ar= mee von möglichst größter Kopfzahl die Regierung zu befestigen, in einem andern, wider Willen und Rechte der Bewohner, erworbene Landestheile in unterdrücktem

Zustand zu erhalten, in einem dritten, der Soldaten=
paiſion des Regenten Nahrung zu geben und ihn mit
Uniform= und Waffenveränderungen zu beſchäftigen,
während die Bureaukratie ihre eigenen Wege geht u. ſ. f.
Um ſolcher Gründe willen werden die Abgaben zu
einer unerträglichen Laſt für die Unterthanen erhöht und
daneben dem Lande ſeine beſten Arbeitskräfte entzogen.
In den civiliſirten Ländern Europas ſind wir glücklich
über die Zeit des Fauſt= und Kolbenrechts hinweg; ſoll
dennoch dieſe Brutalität in der Politik fortgeduldet wer=
den und die Regierungen ſie als die Grundlage des
Völkerrechts betrachten? Geſetzt aber auch, dieſer Wi=
derſinn werde als die höchſte Staatsraiſon angeſehen,
ſo fragt es ſich, welcher Vortheil nach einiger Zeit dar=
aus entſpringt. Dies kann man z. B. an Frankreich
ſehen, deſſen Bewohner unleugbar die kriegeriſchſte Na=
tion Europas ſind. Es hat im Verlaufe von zehn Jah=
ren von 1852 bis 1862 zwei Kriege geführt, denjenigen
in der Krim, der zwei Jahre dauerte, und den in
Oberitalien, der nur drei Monate währte. Um ſie zu
führen, hat der Staat drei Milliarden Franken ange=
lieben und in den zehn Jahren fortwährend 500 Millio=
nen jährlich auf die Armee verwendet, alſo in dieſem
kurzen Zeitraum achttauſend Millionen als Kriegsbudget
aufzuweiſen. Dafür hat es allerdings Savoyen und
Nizza gewonnen, welche ihm aber ſchwerlich die acht
Milliarden auf irgend eine Weiſe verzinſen werden. Auf
finanzieller Seite kommt alſo auch bei dieſem Syſtem
nichts Vortheilhaftes heraus. Wozu denn die Bewaff=
nung, wozu all der kriegeriſche Apparat, wenn man
wirklich Frieden will? Wohin führt er, als zum Staats=
bankerut und Ruin jeden Landes, wo am Ende durch

4*

diese kostspielige Bewaffnung nichts Anderes zu vertheidigen bleibt, als die Staatsgläubiger!

Die ungeheueren Ausgaben für den Unterhalt kolossaler Armeen und die blinde Ansicht, als sei dies eine Folge der jetzigen aufgeklärten Verhältnisse, nöthigt uns, hier etwas näher auf das heutige Bewaffnungssystem einzugehen. Wir verstehen darunter die Conscription, die Verpflichtung aller Staatsbürger, sich während einer bestimmten Zeit dem Soldatenstande zu widmen. Es ist noch nicht lange her, daß dieses System organisirt worden. Die vom ganzen übrigen Europa bedrohte französische Republik, ohne Geld und Kredit, hatte kein anderes Mittel zu ihrer Vertheidigung, als das Aufgebot aller waffenfähigen Männer unter einem gewissen Alter und stellte auf diese Weise den anrückenden Feinden anderthalb Millionen Soldaten entgegen, welche in ihrer Ueberzahl und von den Vorgesetzten fanatisirt, Alles vor sich niederrannten. Denn die Befehlshaber konnten ziemlich sicher darauf rechnen, einen unglücklichen Feldzug mit dem Leben zu büßen, also ward Alles daran gesetzt, den Feind nicht allein aus den französischen Grenzen zurückzutreiben, sondern über den Rhein zu werfen, um diesen als eine bestimmter bezeichnete Scheide zu gewinnen. Wie viele dieser Kämpfer auf den Schlachtfeldern, auf den Märschen oder aus Mangel an Verpflegung geopfert wurden, ward nicht beachtet, wenn nur in Paris keine Klage über den Heerführer und seine Leitung erhoben werden konnte. Weil die persönliche Leistung als eine Pflicht gegen den Staat in Anspruch genommen ward, betrachtete sich dieser auch nicht sehr gewissenhaft verpflichtet, die Löhnung regelmäßig auszuzahlen und für eine geordnete

Verpflegung der Truppen zu sorgen. Es war für denselben viel leichter, sie auf das Requisitionssystem zu
verweisen, bei welchem es den Unteranführern und eventuell den Soldaten selbst überlassen blieb, wie und wo
sie etwas für den Lebensunterhalt finden konnten. Dafür wurden allerdings Bons ausgestellt, die aber selten
bezahlt wurden. Wie tief bei einer solchen Administration eine Armee herunterkommen konnte, erfuhr der General Buonaparte, als er im Anfange des Jahres 1796
den Befehl der Südarmee übernahm. Er führte sie aus
diesem Elend in das Pothal, wo jeder Marschtag sie in
reichere Gegenden brachte. Und diese nicht über 36000
Mann starke Armee that Wunder unter der Leitung ihres küh-
nen und geschickten Führers. Wer die ganze Feldherrnlauf-
bahn dieses merkwürdigen Mannes aufmerksam studirt,
wird zu der Ueberzeugung kommen müssen, daß seine
Erfahrungen aus dem Feldzug 1796—97 gleichsam die
Grundlage aller seiner späteren Feldzugspläne lieferten
und er unverändert am Conscriptions= und Requisitions=
system festhielt. Dies brachte ihm im russischen Feldzug
seine Armee von 648000 Mann, mit welchen er über
den Niemen marschirt war, auf 64000 Mann herab,
Ueberbleibsel des Kriegs und der Strapazen, die unter
Eugen über die Weichsel zurückpassirten. Wie 1796
Turin, Mailand, Verona und Mantua genommen und
besetzt wurden, so ward später Wien und Berlin,
und sollte auch Moskau und Petersburg genommen werden, indem man ohne weitere Vorbereitungen, als die
Schlagfertigkeit des Heeres, darauf losging, niederwarf,
was sich entgegenstellte und dann dem eroberten Lande
nicht allein die Verpflegung der siegreichen Armee auf-
erlegte, sondern noch dazu ungeheuere Contributionen

ausschrieb, die den nicht bezahlten Sold deckten und den
Privatschatz in den Kellern der Tuilerien füllten. So
sehr war schon der General Buonaparte für diese Ver-
pflegungsweise eingenommen, daß er auf der Ueberfahrt
nach Aegypten in seinen Unterredungen mehrfältig
äußerte: „Könnte ich nur einmal in dem reichen Do-
nautbal einen Feldzug führen." Diese leichte Weise, sich
Soldaten zu verschaffen und die wenigen Umstände, die
man machte, sie zu ernähren, hatten das traurige Resultat, Europa in fortwährendem Kriegszustande zu erhalten, bis Napoleon keine Soldaten und kein Geld,
Mittel und Hebel des Kriegs, mehr hatte. Zwei Millionen Menschen hatte sein Ehrgeiz dem Grabe auf seiner Seite geopfert und man darf ohne Uebertreibung
annehmen, daß auf gegnerischer Seite eben so viele gefallen sind oder durch Wunden, Mangel und Elend hin-
weggerafft worden. Welcher Vortheil ist dabei für irgend wen herausgekommen? Was hat Napoleon, was
Frankreich durch diese Opfer an Wohlfahrt und Men-
schenleben erreicht? Ersterer die endliche Gefangenschaft
auf St. Helena, letzteres die Occupation durch fremde
Armeen und eine stark vermehrte Staatsschuld, neben
dem Verlust aller eroberten Landestheile und der meisten
Kunstschätze, die nach Paris fortgeschleppt worden waren.
Und wie war im ganzen übrigen Europa Alles drunter
und drüber geworfen, Handel und Verkehr ins Stocken
gerathen oder gänzlich vertilgt, Länder und Völkerschaften zerrissen oder zusammengewürfelt, wie es die Politik
des Augenblicks oder despotische Willkühr für gut fand.
Die sich frei geglaubte französische Republik führte zum
Säbelregimente und damit zur Bekriegung und Unterdrückung des gesammten Europas mit Ausnahme Eng-

lands, bis der Bogen zu straff gespannt war, so daß nun wiederum das ganze vereinigte Europa über Frankreich berfiel und ihm die Restauration auflegte.

Wir scheuen uns nicht, zu behaupten, daß seit dem dreißigjährigen Kriege alle Feldzüge der verschiedenen Successionskriege und des großen Friedrich niemals so allgemeines Verderben hervorgebracht haben, als die Kriege von 1802 — 1814. Im dreißigjährigen Kriege waren es die zügellosen Banden der Kondottieri, in diesem Jahrhundert die konscribirten Heere, durch die so große Umwälzungen und Zerstörungen über Europa verbreitet worden sind. Erstere waren, nach ihrer Konstitution, auf Raub und Plünderung angewiesen; diese letzteren wurden durch das Requisitionssystem zum Nehmen gezwungen.

Es dringt sich uns demnach aus Geschichte und Erfahrung der unserer Ueberzeugung nach irrefutable Schluß auf: daß das Conscriptionssystem bisher keinen andern Nutzen geleistet hat, als den herrsch- und eroberungslustigen Regenten ein leichtes Mittel in die Hand zu geben, große Armeen zu halten und herzustellen, und damit Handel, Verkehr, Wohlstand, Freiheit und Ruhe zu stören und zu gefährden, sowie alle betreffenden Länder mit einer mehr oder weniger ruinirenden Schuldenlast zu beschweren.

Nicht weniger unhaltbar erscheint dieses System vom Gesichtspunkte des Rechtes. Staaten sind dadurch entstanden, daß sich eine Anzahl Individuen vereinigten, um Eigenthum und Familie wechselseitig gegen Angriffe zu schützen. Dies kann dadurch geschehen, daß Alle entweder selbst den Schutz oder die Vertheidigung übernehmen oder Alle insgesammt

nach der Größe des Besitzes oder Vermögensbetrages
zur Haltung von Aufsehern und Vertheidigern beisteuern.
Entspricht dann aber die Conscription dem einen oder
andern Falle? Das wollen wir sehen. Hat Einer einen
Schaden am Auge, oder es fehlt ihm der rechte Zeige=
finger, oder ein Bein ist etwas kürzer als das andere
u. s. f.; so wird er, des kleinen körperlichen Mangels
wegen, der ihn nicht hindert, bei einer Schlägerei tüchtig
drauf zu klopfen, ausgeschoben und kann ungehindert
seinen Lebensweg gehen. Nur die schönsten und scheinbar
kräftigsten Männer werden allzeit vor allen andern zum
Militärdienste unter den Gezogenen auserwählt. Ist
darin Gerechtigkeit zu finden? Schlug sich das preußische
Heer 1813—14 nicht bewundernswürdig, da doch alles,
was Waffen tragen konnte, mitging, ob einäugig, kurz=
beinig oder sonst an einem Theile des Körpers mangel=
haft. Freilich handelte es sich damals um Abwerfung
eines unerträglichen Joches, und um verspro-
chene, politische Freiheit, nicht um Garnisons=
leben, Parade= und Manöverspielereien. Wenn man alle
und jede, die gehen und ihre Arme frei bewegen kön=
nen, in einem bestimmten Alter zu den Waffen riefe,
um sie in deren Gebrauch, in den Kompagniebewegun=
gen, sowie im Reinhalten der Montur= und Waffenstücke
zu unterrichten, wozu zehn bis zwölf Wochen hinreichen;
dann wäre gegen das Princip wenig einzuwenden. Aber
die schönsten und kräftig gebauten Leute dem Lande
vornweg zu nehmen und ungestalte, mangelhafte, wenn
auch sonst zum Dienste ganz tauglich, frei ausgehen zu
lassen, ist eine schreiende Ungerechtigkeit, die viel greller
hervortritt, wenn man bedenkt, welchem Nachtheil hiezu
noch das ausgehobene Individuum unterworfen ist.

Grade wenn der Sohn des Landmanns das Alter er=
reicht hat, wo er durch seine Arbeit sich eine selbständige
Stellung erwerben kann, wird er zum Soldaten ausge=
boten; ebenso der junge Handwerker, der grade seine
Lehrjahre beendigt hat und als Geselle sich ausbilden
will; nicht besser geht es dem Studenten, der nach Voll=
endung seiner Universitätsjahre erst recht auf eigene Hand
fortstudiren und nebenbei in einem provisorischen Amte
auch die nöthigen praktischen Kenntnisse sich aneignen
will; in allen Branchen menschlicher Arbeit und Wissens
wird gerade der junge Mann fortgeholt, wenn das Lernen bei Andern zu Ende ist und das Selbstlernen und
Anwendung des Gelernten anfangen soll. Leider ist mei=
stens die unausbleibliche Folge hievon, daß das Gelernte
vergessen wird, in einem späteren Alter nicht wieder an-
gegriffen werden kann, oder die Lust dazu verloren ge-
gangen ist. Durch das Zwangsverhältniß, das im Sol=
datenstande unvermeidlich ist, um Gehorsam und Disci=
plin nicht allein zu erhalten, sondern auch den Indivi=
duen einzuprägen, damit selbst die Lebensgefahr nicht
davon abbringen kann, wird das Gefühl der Un=
abhängigkeit vernichtet, daher der Selbsttrieb zum Fort=
kommen oft ganz gelähmt und ein faullenzerisches He=
rumtreiben befördert, was die Moralität gewiß nicht heben kann.

Man hört immer von Menschenrechten, Humanität,
Negeremancipation u. dergl. reden; wir möchten wohl
fragen, ob ein von seinen Feinden gefangener Neger,
der, wenn er nicht zu verkaufen wäre, gebraten und ver=
zehrt würde, im Falle daß er um eine beträchtliche
Summe von einem Plantagenbesitzer erstanden ist, den
sein eigener Vortheil dazu führt, den Käufling gut zu

nähren und zu behandeln — ob ein solcher Neger mehr zu beklagen ist, als ein junger Mann von gesundem Körper, und geistiger Bildung, der auf dem Punkt steht, die verwendete Zeit und Mühe und das verausgabte Geld Früchte tragen zu lassen, um für seine Zukunft zu sorgen und dem Staate ein nützliches Mitglied zu werden und nun aus seiner Eltern Hause oder aus seinem Wirkungskreise, vielleicht gar von der Seite einer jungen Gattin fortgeholt wird, um auf drei, vier oder mehr Jahre in eine Uniform und in Kasernen gesteckt zu werden. Zu welchem Zwecke? Erstlich, zu lernen, bald auf den Zehen, bald auf dem Kopf zu stehen, Hände und Füße nach allen Weltgegenden auszustrecken, um geschmeidig zu werden; dann eine mehr oder weniger geschmacklose Uniform zu putzen und sich darein zu abjustiren; den Gebrauch der Waffen und ihre Reinhaltung sich anzueignen und in der Compagnie sich in alle verschiedenen Evolutionen zurecht finden zu können. Was wird mit diesen Uebungen, die zum großen Theil schon in den Schulen während der Erholungsstunden spielend gelernt werden sollten, bei Erwachsenen erreicht? Liebe zum Soldatenstande? Nein! denn fast ohne Ausnahme freuen sich Alle, wenn sie entlassen werden. Militärischer Geist und Festigkeit im Dienstverhältniß? Dazu sind drei Jahre nicht hinreichend (eine längere Zeit benimmt alle Aussicht auf ein ferneres, selbständiges Fortkommen); folglich kann der Zweck nur sein, im Frieden Krieg zu spielen oder die Nachbarn zu bedrohen oder die eigenen Unterthanen zu knechten. Gesetzt aber auch, das Eine oder Andere wäre nicht der Fall, so ist es doch bei den jetzigen Fortschrittsverhältnissen Europas eine abnorme Sache, so viele gesunde und starke junge Leute, deren Hände

und Köpfe zum Erwerbe in Ackerbau, Industrie u. s. f.
zu ihrem eigenen Nutzen und zum Wohle aller Länder
und Staatsbürger verwendet werden könnten, aus ihrer
Stellung zu reißen, um sie angeblich zu lehren, die Un=
terthanen anderer Staaten, mit denen sie gerne in
friedlichem Verkehr leben, umzubringen oder von ihnen
umgebracht zu werden. Denn darauf geht jetzt das Krieg=
führen hinaus: je schneller und je mehr man dem Feinde
Mannschaft todt schlägt, desto eher kommt man zum
Ziele. Dazu werden Orden, Medaillen, Geldbelohnungen
an die Erfinder der mörderischsten Waffen vertheilt. Und
warum soll eine solche Anfeindung Statt finden? Han=
delsverhältnisse können diese jetzt nicht mehr herbeiführen;
deren Erweiterungen sind weit sicherer auf friedlichem
Wege durch die freieste Mutualität, als durch ungewissen
Waffengebrauch zu erreichen. Die Völker unter sich wün=
schen und wollen keinen Krieg, denn sie wissen, was für
sie dabei herauskommt. Es kann also ein solcher blos
von den Regierungen ausgehen und dazu finden sie sich
um so leichter im Stande, als ihnen allezeit eine zahl=
reiche Armee zur Disposition steht. Der „bewaffnete
Friede" ist daher der leichteste Weg zum Kriege, weil
er Argwohn unter den verschiedenen Nationen erregt und
erhält und so der Einigkeit unter ihnen im Wege steht oder
schädlich ist. Er ist aber auch dem wesentlichen Zwecke, den
die Gesellschaft im Staate erreichen will, Ruhe, Frieden
und Gedeihen mittels eines rechtlich geordneten Zustan=
des, schnurgrad entgegengesetzt, denn er stört die Staats=
bürger in ihrem Lebenslauf, entzieht dem Ackerbau, den
Gewerben, der Industrie und dem Handel die besten
Kräfte, ruinirt die Staatsfinanzen, führt zu neuen ver=
mehrten Auflagen, die überall in Europa schon so

drückend sind, und belastet folglich den werthvollsten
Theil der Nation, den produktiven, auf unberechenbare
Weise.

„Es muß aber doch eine Waffenmannschaft vorhan=
den sein?" hören wir einwenden, „wie soll diese herge=
stellt werden?"

Wir verweisen auf England, welches in all seinen
Staaten in Europa, Asien, Afrika, Amerika und Austra=
lien, bei einer Gesammtbewohnerzahl von mehr als hun=
dert und achtzig Millionen, nicht über zweimal hundert=
tausend Mann Truppen hält. Es recrutirt dieselben
durch freiwillige Anwerbung und erlangt durch dieses
System zwei höchst bedeutende Vortheile:

1) militärisch, daß es Truppen hat, die ganz Sol=
daten sind, weil sie sich diesem Stande einmal freiwillig
hingegeben haben, also auf verlassene Heimath und hin=
terbliebene Verwandten keine weiteren Rücksichten zu
nehmen brauchen;

2) social, daß eine Menge junger Leute, die we=
der Lust noch Geschick zu bürgerlichen Gewerben haben,
in der Armee ihr Unterkommen finden und so vor den
Folgen des Müßigganges und dem Verderben geschützt
werden.

Daß diese, der Zahl der Bevölkerung nach, so kleine
Armee von hinreichender Stärke ist, liegt, nebst ihrer
Vortrefflichkeit, besonders darin, daß es im Mutterlande
keiner Militärmacht zu Aufrechthaltung der inneren Ord=
nung bedarf, da Krone, Parliament und Volk dasselbe
Interesse haben und demselben Ziele nachstreben: Ver=
mögen und Wohlstand zu erhalten und zu vermehren
durch Vervollkommnungen in der Industrie, und Aus=
breitung des Handels, wofür die größtmögliche persön=

liche Freiheit, bei innerer Gesetzlichkeit und Ordnung, kein kleiner Hebel ist und auf welcher auch, beiläufig ge= sagt, die patriotische, allesfähige Opferbereitwilligkeit des Engländers beruht, wenn er wirklich sein Land oder seine Interessen in Gefahr sieht. Aus diesem Grunde wird die englische Regierung auch niemals einen frivolen Krieg anfangen und das Parliament keine Geldmittel dazu votiren. Da aber ohne Geld und Requisitionssystem, im Großen heute nichts mehr ausführbar ist und kein Krieg geführt werden kann; so wäre das sicherste Mittel zur Er= haltung des Friedens, wenn in allen Staaten den Kam= mern die Entscheidung über die Verwendung der Ge= sammtsumme der erhobenen Steuern zustünde; dann würde jeder Regent gezwungen sein durch seine Regie= rung erst die Nothwendigkeit eines beabsichtigten Krieges darzuthun und es würden sich bei der Diskussion in den Kammern gewiß Mittel finden lassen, den Frieden zu erhalten, ohne der Ehre des Landes und seiner Regie= rung zu schaden. Ohne noch manches Andere anzuführen, wollen wir zum Schlusse nochmals wiederholen: der „be= waffnete Friede" ist und bleibt der sicherste Weg zum Kriege, er ist mit einem Tiger zu vergleichen, der im Schlafe zu sitzen scheint, wenn er bereit ist, seinen tücki= schen Sprung nach der ausersehenen Beute zu machen.

VI. Konfessionelle Anfeindungen.

Ein Grund zum Unfrieden in Europa liegt, wo er am wenigsten gefunden werden sollte, in den verschiede= nen Konfessionen. Gewiß müßte die Religion zu Eintracht und Frieden mehr, als alles Andere ermuntern, und dennoch ist oft nichts erbitterter, als eben die Bekenner verschiedener Auslegungen mancher Sätze derselben Re= ligion gegen einander. Warum ist dies der Fall, da wir

Christen, die es wirklich sind und nicht blos den Namen führen, alle an die Göttlichkeit Christi glauben, da wir die von ihm befohlene Liebe des Nebenmenschen als die erste Pflicht betrachten, da wir alle die Erlösung durch ihn annehmen: warum sollen wir uns über einzelne, von Menschen aufgestellte Lehren verfolgen? Eben weil wir menschliche Interessen unsern geistlichen Bekenntnissen beigemischt haben. Man entferne die menschlichen Beimengsel aus der christlichen Kirche und lasse die Evangelien die einzige Quelle sein, aus der wir unsern Glauben schöpfen, dann wird die Wirkung wahrer Religiosität auch in Erhaltung des allgemeinen Friedens sich hervorthun. Jetzt sagt der Katholik vom Protestanten, er sei ein Ketzer; dieser hinwiedernm von jenem, er sei ein Götzendiener. Welche Folgen dies hat, ist nicht schwer einzusehen, und daher auch erklärlich, daß Indifferenz oder Fanatismus in religiösen Dingen sich eingestellt haben. Während dieser zur heftigsten Intoleranz treibt, führt erstere dahin, den Juden fast überall staatsbürgerliche Rechte gewähren zu wollen. Als Christus von Kaiphas gefragt ward, ob er der Sohn Gottes sei und zur Antwort gab: „Du sagst es," da zerrissen die Pharisäer und Schriftgelehrten ihre Kleider und verurtheilten ihn zum Kreuze. Sie hatten ihn für einen Betrüger erklärt und in derselben Meinung beharren ihre Nachkommen. Wie! sie erklären unsern Erlöser, den eingeborenen Sohn Gottes, auf dessen Lehren unsere religiöse Ueberzeugung beruht, auf dessen Zusagen unsere künftige Seligkeit gebaut ist, den erklären sie für einen Lügner und wir sollen sie dennoch in Allem uns gleich stellen? Gewähre man ihnen den Genuß der bürgerlichen Rechte immerhin, aber politische Rechte, wir meinen darunter, die christliche

Gesetzgebung mit zu berathen und dadurch Einfluß auf die christliche Kirche üben zu können, ist mit einem vernünftigen System nicht zu vereinigen. Auch kommen die protestantischen Judenvertheidiger mit sich selbst in Widerspruch; dem Katholizismus werfen sie vor, daß er einem außerstaatlichen Einfluß unterworfen ist, da der Pabst die Geistlichkeit leitet. Bei den Juden trifft dies ebenfalls zu, denn sie bilden auch eine Gemeinschaft über die ganze Welt und ihr Interesse haftet am Judenthum, aber nicht am Staate, den sie zufällig bewohnen. Weit näher stehen sich der Christ und der Mohamedaner; dieser erkennt wenigstens in Christus einen großen Propheten. Braminen, Chinesen und überhaupt die Heiden kennen und verkennen nicht unsern Erlöser, aber die Juden betrachten ihn als einen Missethäter. Und dennoch schreit Alles gedankenlos nach Emanzipation derselben.

Eben so sehr muß man den Pietisten entgegentreten, welche behaupten, die ganze menschliche Existenz hier auf Erden sei blos zur Bereitung auf ein künftiges Leben. Wenn dies nun auch, im weiteren Sinn genommen, wahr ist; so würde doch nach ihrer Ansicht Jedermann vom lichten Morgen bis zum dunkeln Abend mit gefalteten Händen im Gebet zubringen müssen, um auf solche Weise das Himmelreich zu erwerben. Gewiß ist dies ein grobes Mißverständniß der christlichen Lehre und eine Mißdeutung der göttlichen Bestimmung für das Menschengeschlecht. Wir sind hier auf Erden gesetzt, um die uns gegebenen geistigen und körperlichen Eigenschaften auszubilden und zum Wohle unserer Mitmenschen und der ganzen Schöpfung anzuwenden, wobei wir die göttlichen Gesetze zu beobachten und uns dem Willen Gottes in aller Demuth zu fügen haben. Wenn

wir, deſſen eingedenk, den Glauben mit der That be=
währen, d. h. nicht aus Egoismus, ſondern aus chriſt=
licher Liebe und Ergebenheit handeln, dann dürfen wir
auf eine glückliche Zukunft hoffen; aber arbeiten und
wirken ſollen wir, ſo weit es in unſerer Macht ſteht.
Dieſe beiden Richtungen ſind ein Beweis mehr da=
von, wohin es führt, wenn alle Begriffe in Widerſpruch
mit ſich ſelbſt gerathen, und warum? Weil feſte Prin=
zipien nirgends gelten, ſondern nach den Umſtänden
werden Grundſätze aufgeſtellt, die gar keinen andern
Grund haben, als die augenblickliche Stimmung der
herrſchenden Parthei. Der Staat, als über allen Par=
theien ſtehend, darf keine auf Unkoſten einer andern be=
günſtigen; denn ſeine eigentlichſte Aufgabe iſt ja die,
alle Staatsangehörigen in ihren Rechten zu ſchützen,
worunter das einer freien Religionsübung nicht das ge=
ringſte iſt. Schützt er darin unpartheiiſch eine jede
Sekte, die nur keine ſtaatswidrigen Grundſätze bekennt,
ſo läßt er Gott, „was Gottes iſt,“ ohne ſich zu entziehen,
„was des Kaiſers iſt“ und dann werden alle Konfeſſio=
nen in Frieden mit einander leben.

Schluß.

Wir haben in Vorſtehendem die Hauptwiderſprüche
und Gegenwirkungen dargelegt, welche die Gegenwart
in einer beſtändigen Agitation erhalten und ohne Zwei=
fel zu einer endlichen, erſchütternden Löſung führen
müſſen. Es bleibt nun noch übrig, ein Mittel ausfindig
zu machen, wodurch, nach unſerer Anſicht, Europa noch
vor ſolchem Unglück zu retten wäre. Von allen Seiten
muß hiezu mit Ernſt und gutem Willen geſtrebt werden.

Die Regierungen müssen es sich nicht verbergen, daß
der intellektuelle und materielle Zustand unseres Welttheils einer gänzlichen Umstaltung unterworfen gewesen
ist, deren Wirkungen man noch gar nicht alle übersehen
kann. Eine derselben ist aber unbestreitbar diese, daß
die Verhältnisse der Unterthanen zur Regierung sich sehr
verändert haben, von unumschränkter Gewalt nicht mehr
die Rede sein kann, und dem geistig gehobenen Volke
eine Mitwirkung bei der Gesetzgebung und die Kontrole
der Finanzen nicht länger versagt werden darf. Der
Staat, wo Ruhe und Ordnung herrschen soll, bedarf
einer kräftigen Leitung. Aber deshalb sind die Staatsbürger nicht verpflichtet, sich blindlings einer willkührlichen, nicht verantwortlichen Exekutive in die Hände zu
geben.

Die Regierung wird durch die Kammern am leich=
testen und sichersten die Ansichten des Volkes über seine
Bedürfnisse und Interessen erfahren. Diese Interessen
sind ja auch die der Regierung, da ihr Bestreben der
Wohlstand des Landes und die Gesammtbefriedigung der
Staatsbürger sein muß. Es kann und darf vernünftiger
Weise kein gesondertes Interesse der Regierung und des
Volkes Statt finden, folglich werden die Kammern nie
die Finanzen zum Nachtheil des Staats beschneiden,
wenn sie auch der Verschwendung für Armee und Bureau=
kratie heilsame Schranken setzen.

In allen Ländern Europas muß daher eine Reprä=
sentativ=Verfassung, dem Grade der Intelligenz entspre=
chend, ohne gegen hergebrachte Rechte und bestehende
Gewohnheiten schroff anzustoßen, nicht blos eingeführt,
sondern auch aufrichtig und gewissenhaft strenge gehalten
werden.

5

Der Adel muß sich demnach der jetzigen Zeit fügen, veraltete Vorrechte aufgeben und sich der Stellung
welche er noch einnehmen kann und muß, durch intelli-
gente Bildung gewachsen zeigen. Er muß einsehen und
freimüthig einräumen, daß die höhere Bildungsstufe allein die Grundlage einer höheren geselligen Stellung
abgibt, daß nur eine politische Stellung ihn bedingt
und diese nur vom Aeltesten der Familie vertreten werden kann, daß diese Vertretung ihm aber nicht auferd-
legt, Vorrechte zu bewahren, sondern den Interessen des
Ganzen sich zu widmen gebietet, daß also eine soziale
Absonderung nicht Statt finden darf, sondern vielmehr
ein Verwachsen des Adels in den gebildeteren Theil des
Volks möglichst gesucht werden muß.

Die Völker im Allgemeinen sollen sich hüten, ur-
plötzlich und mit einem Male die Theorien der Lehrer
der Staatswissenschaften verwirklicht zu sehen. Wo guter
Wille von Oben gezeigt wird, wo Ordnung und Spar-
samkeit herrscht, wird ein Volk nicht verlangen wollen,
daß Alles alsobald umgewandelt werde, sondern nur darauf vorerst sein Augenmerk richten, daß die Kräfte des
Landes (Finanzen) nicht mehr als erforderlich in Anspruch genommen werden. Die andern nothwendigen Re-
formen werden sich von selbst finden, sobald nur erst
Regierung und Volk in Eintracht nach demselben Ziele
streben. Ist nur erst diese Eintracht bei allen Nationen
ins Leben getreten, so kann sie zu einer europäischen
Union führen, die sich in einer Konföderation aller
Staaten Ausdruck verschafft. Einer solchen Konföderation läge die Absicht zu Grunde, jeden Krieg unter den
Mitgliedern zu vermeiden, indem man sich bei Streitigkeiten dem Ausspruch eines Schiedsgerichtes unterwürfe;

den Handel und Verkehr möglichst vollständig frei zu
geben; Münze, Maß und Gewicht gleich zu machen und
die das Individuum betreffenden Gesetze und Anordnungen so zu egalisiren, daß Alle und ein Jeder sich in
allen Ländern Europas in gleichen Personalverhältnissen
befänden.

Ein solches Schiedsgericht würde aus der Wahl
aller Regierungen hervorgehen, an einem unabhängigen,
neutralen Orte (einer Art Friedensburg oder Stadt)
seinen Sitz nehmen und unter der Kontrole von ganz
Europa stehen durch die freie Presse und das Urtheil
aller unpartheiischen Stimmen (die öffentliche Meinung).

Der Handel und Verkehr zwischen den Nationen
wird frei, sobald die Verminderung der Armeen die Abschaffung der Zölle gestatten. Es fällt damit ein Haupt-
grund zur Anfeindung weg und auch die innere Unzufriedenheit wird in vielen Fällen gehoben sein, da die
Theuerung mancher Produkte, die zum allgemeinen Bedürfniß geworden, abnehmen würde. — Münz-, Maß-
und Gewichtausgleichung ist schon angeregt als eine für
nothwendig erkannte Reform.

Die individuellen Verhältnisse der Personen sind
mehrentheils von polizeilichen Maßregeln abhängig,
welche sich durch gegenseitiges Verständniß leicht und auf
die freieste Weise reguliren lassen.

Es ist also gar keine so enorme Aufgabe, eine solche
europäische Union hervorzurufen, wenn man nur aufrichtig den Frieden und das Wohl Aller vor Augen hat.
Freisinnige Verfassungen und das redliche Festhalten
daran sind natürlich die Hauptbedingung. Unkonstitutio-
nelle Staaten, wie Rußland und die Türkei müssen

5*

daher ausgeschlossen bleiben, weil sie beide keiner wahren Volksvertretung fähig sind. Eine solche Aussonderung würde auch bei dem zerrütteten Zustande beider Staaten ohne große Schwierigkeiten sich bewerkstelligen lassen. Wenn die Schutzmächte nur die Türkei sich selbst überlassen wollten, würde diese sehr bald den Bosporus und Hellespont als ihre westlichste Grenze anerkennen müssen. Wenn Polen restituirt würde, und Italien sich ganz vereinigte, wofür Oestreich mit den Donaufürstenthümern, Preußen mit den russischen Ostseeprovinzen entschädigt werden könnte, Finnland sich dem vereinigten Skandinavien anschlösse; so wäre dem Nationalitätsprinzipe eine große Konzession gemacht und manche, gleich einer Wetterwolke, drohende Frage gelöst. Denn Rußland und die Türkei haben, bei der Mannigfaltigkeit der unterworfenen Völkerschaften, keinen andern Zusammenhalt, als. der durch Furcht und Grausamkeit hervorgebracht werden kann. Sie werden nur durch Kabale, Intrigue und Gewaltthat beherrscht.

Die Türken sind Unterdrücker, haben sich nicht mit den Landesbewohnern vermengt, sondern beherrschen noch immer die europäische Türkei wie ein erobertes Land. Es ist daher nur gerecht, sie aus Europa wieder zu vertreiben, wo sie doch nur noch unter dem Schutz der Großmächte regieren.

Mit Rußland ist es nicht viel anders. Es hat sich durch Intrigue und Gewalt seine westlichen Besitzungen erworben und sie stets als eroberte Lande beherrscht, so daß es nichts weniger als einheimisch in denselben geworden ist. Polen und die Ostseeprovinzen sind einer konstitutionellen Verfassung fähig, Finnland besitzt, vom Verbande mit Schweden her, eine solche noch, zwar jetzt mehrentheils nur dem Namen nach, seit es Rußland angehört.

Hätte der Kaiser Nikolaus bei seiner Thronbestei=gung die Einsicht gehabt, das ganze Polen, mit Ein=schluß Litthauens, Volhyniens, Podoliens, der Ukräne u. s. f., so weit es ihm unterworfen war, herzustellen, demselben eine angemessene Verfassung unter einem in=telligenten Vicekönig gegeben, dann wäre 1830 keine Re=volution ausgebrochen und Rußland hätte jetzt eine feste Stütze am polnischen Throne gehabt, um seine inneren Verhältnisse zu ordnen. Statt dessen trat dieser eigen=sinnige Monarch mit Knute und Versendungen nach Si=birien auf. Aber wie die Saat, so die Erndte. Wie sieht es jetzt in jenem so mächtig geglaubten Reiche aus?

Gegen die Konföderation könnte man einwen=den, daß Amerika die Unhaltbarkeit derselben zeige, ja selbst der sogen. deutsche Bund habe nie gedeihen können.

Amerika beweiset gar nichts. Es ist ein Staat im Werden, der noch viel durchzugehen hat, bevor er eine dauernde Gestalt gewinnt. Die amerikanischen Freistaa=ten bestehen als solche noch keine hundert Jahre, waren Kolonien, vom Mutterlande abhängig, wo Leute hin=gingen, die zu Hause keinen Erwerb fanden oder auf Vortheil spekulirten. Hatte sich Einer ein Vermögen er=worben, so kehrte er meistens zum Mutterlande zurück oder er trieb sein Geschäft im vergrößerten Maße. Es blieb allezeit ein Spekulationsland. Nach der Unabhän=gigkeitserklärung dauerte dies noch fort. Alle waren Ge=schäftsleute im kleineren oder größeren Maße. Jetzt hat das angefangen sich zu ändern. Es gibt viele Bemittelte,

die ein Vermögen aus Erbschaft besitzen, von ihrer Rente
leben wollen und sich nicht im Geschäftsleben gefallen;
jetzt fangen folglich die Reibungen zwischen einer im
Werden begriffenen Aristokratie und der geschäftigen
Demokratie an, das liegende Eigenthum gegen das im
Verkehr befindliche Vermögen, die großen Grundbesitzer
des Südens gegen den durch Einwanderungen hetarogen
gewordenen Norden.

Dies schon allein läßt zwischen der amerikanischen
und einer europäischen Konföderation keinen richtigen
Vergleich zu, abgesehen von so vielen andern Verhält=
nissen, die in beiden Welttheilen ganz verschieden sind,
und namentlich auch von der zu rasch vermehrten Zahl
der Einzelstaaten und dem ungeheueren Zuwachse der
Bevölkerung, wofür begreiflicher Weise der erste Zuschnitt
nicht mehr passen will.

. Der deutsche Bund? Wo ist denn der? Wir kennen
wohl den sogen. Bundestag in Frankfurt a. M.; der
aus den diplomatischen Agenten der deutschen Für=
sten zusammengesetzt ist; aber damit ist er noch kein
deutscher Bund. Es werden von deutschen Regenten eben
so viele Nichtdeutsche, als Deutsche regiert, deren Inte=
ressen der Abgesandte eben so viel, oder vielleicht mehr
wahrnimmt, als die der Reindeutschen. Daß bei so ver=
schiedenen Nationalitäten, divergirenden Verhältnissen
und entgegenstehenden Interessen keine Nationaleinigkeit
gefördert werden konnte, ist einem Blinden einleuchtend,
sowie daß keine für Deutschland heilsame Wirkung von
einer solchen Versammlung sich zeigen konnte. Denn
die Fürstenvertreter, um nur Eines anzuführen, wollten
die Macht ihres Mandanten nicht schwächen, indem sie
den Mißbrauch der Macht eines Andern hervorhüben.

Der sog. „deutsche Bund" paßt also auch nicht auf un=
sere Konföderation. Bei dieser darf überhaupt von einer
Vertretung durch Diplomaten nicht die Rede sein, son=
dern dieselbe dürfte nur aus den Kammern jedes Staa=
tes hervorgehen, bei welchen jede Regierung ihre Kom=
missarien als Mittelspersonen zwischen der allgemeinen
und Partikularvertretung hätte. Differenzen im Innern
eines konföderirten Landes gehören ja nicht vor dieses
Forum, sondern blos allgemein berührende Interessen
und außereuropäische Streitigkeiten. Diplomaten lasse
man dabei ganz aus dem Spiele; wo redlicher Wille
herrscht, sind sie nicht erforderlich.

Was haben sie im Westphälischen Frieden zu Stande
gebracht? Den Grund zum heutigen Uebel gelegt. Was
haben sie im Pariser Frieden 1814—15 und im Wiener
Kongreß hergestellt? Belgien riß sich von Holland los,
Polen trat gegen Rußland auf, später Italien gegen
Oestreich. Die Aachener, Karlsbader, Laybacher Kongresse
hoben auf, schoben ein, flickten nach, aber die ganze Ar=
beit war und blieb nur ein Stückwerk. Im Londoner
Traktat*) von 1852 hat die Diplomatie kein glän=
zenderes Meisterstück ausgeführt, indem sie, ächt revolu=
tionär, das Legitimitätsprinzip über den Haufen ge=
worfen und dadurch implicite das Recht des Stärkeren
legitimirt hat. Und endlich der Pariser Friede von 1856,
brachte der etwas Besseres zur Welt? Nicht einmal die
Gränzen für die Moldau konnten so hergestellt werden,
wie es beschlossen war, und der Keim zum italienischen

---

*) Nicht Protokoll, wie manche deutsche Tagesblätter stand=
haft ihn bezeichnen.

Kriege ward gelegt, den die Reise weder des Lord John
Russel, noch des Lord Cowley nach Wien abwenden
konnte. Talleyrand, noch immer der gerühmteste Diplo=
mat, sagte: „die Sprache sei vorhanden, um die Gedan=
ken zu verbergen." Mit einer aufrichtigen Absicht zu
Frieden, Ruhe und Wohlstand lassen sich solche Grund=
sätze unmöglich vereinigen und wir bleiben daher der
Meinung, daß Diplomaten, die überhaupt entbehrt wer=
den könnten, bei dem Werke der Einigung jedenfalls
keinen Zulaß haben, denn sie haben sich zu demselben
Zwecke aufrichtig nie vereinen können, als höchstens zu
einem diplomatischen Festessen.

Die inneren europäischen Angelegenheiten würden
entweder durch Abgesandte aus dem Fache, worein die
erhobene Frage schlägt, oder vor den Schiedsgerichten
verhandelt. Da Handel und Verkehr ganz frei wären,
bedürfte es auch keiner Konsularagenten zwischen europäischen Staaten. Eine Vertretung außerhalb Europas
wird viel einflußreicher durch hingesandte Kriegsschiffe,
eventuell ein wirksames Bombardement, wo nöthig bewerk-
stelligt werden, als durch accreditirte Agenten. Konsulate
in andern Welttheilen, wenn und wo sie erforderlich wären, könnten sehr gut und sollten für die ganze Konföderation gemeinschaftlich beglaubigt werden.

Wir wollen zum Schlusse unsere in Vorstehendem
dem Leser dargelegte Ansichten und daraus gewonnene
Ueberzeugung kurz resumiren:

Die wahren Mittel zu Frieden und Wohlfahrt durch
ganz Europa sind darin zu finden:

daß in sämmtlichen Ländern angemessene Verfassun=
gen wirklich in Wirksamkeit treten;

daß die großen, stehenden Heere sehr bedeutend re=
duzirt werden;

daß Personen= und Handelsverkehr von allen Be=
hinderungen frei seien, und daß alle Verfassungsstaaten
Europas eine Konföderation bilden zu dem Zwecke, alle
Differenzen unter sich nie durch Waffengebrauch, sondern
auf dem Wege des Vergleiches oder vor einem europäi=
schen Schiedsgerichte zu schlichten.

Wenn nicht alle Anzeichen des Jahrhunderts trügen,
strebt der Instinkt aller Völker nach diesem Ziele und
alle neueren Erfindungen befördern die baldige Errei=
chung, sei es auf friedlichem Wege, der zu wünschen
wäre, sei es durch eine gewaltsame Erschütterung, die
zu vermeiden man die besten Mittel anzuwenden ver=
pflichtet ist. Wir haben hiermit unser Scherflein dazu
beitragen wollen.

www.ingramcontent.com/pod-product-compliance
Lightning Source LLC
Chambersburg PA
CBHW021523270326
41930CB00008B/1067